새로운 배움은 경계를 넘어선다

새로운 배움은 경계를 넘어선다

기후비상시대를 치유할 우리들에게

김우인 지음

열매
하나

지구의 긴 역사 속에서
우리 인간에게 늘 다정한 벗이자 스승으로
아낌없이 모든 것을 내어주고 사라져가는 이들에게
이 책을 바칩니다.

다시 봄이 오길 기다리며

스물한 살, 마음속 일렁이던 바람, 새로운 세상을 만나고 싶은 바람을 따라 내 발걸음은 생태마을이라는 곳으로 향했다. 유럽과 아시아, 아프리카로 이어진 길에서 마을 사람들은 빈손으로 찾아온 청년을 환대로 맞이했다. 이들은 지구를 사랑과 지혜로 돌보는 법을 가르쳐주었고 나는 가슴과 손과 발로 천천히 배워갔다.

먼 길을 돌고 돌아 10년 후 나는 교사가 되었다. 내가 만나는 학생과 청년 들이 살아갈 앞으로의 세상이 조금 더 나은 곳이 되길 바라는 마음을 모아, 마을 사람들과 나눈 이야기, 그곳에서 겪은 일들을 써 내려갔다. 그리고 그 기록을 엮어 『어떤 배움은 떠나야만 가능하다』를 출간했다.

책 속에 담은 내 소망과 달리 세상은 더 어려운 시절을 맞이했다. 기후 위기는 더 심각해져만 갔고 코로나 바이러스가 전 세계를 덮쳤다. 지구에 사는 생명들은 더 빠른 속도로 사라져갔다. 하지만 이런 참담한 상황 속에서도 책을 읽고 생태마을의 이야기를 더 자세히 듣고 싶다며 나를 찾는 분들이 계속 생겨났다.

독자들은 생태마을 사람들의 이야기가 낯설고 이상적으로 보이기도 하지만, 생태적인 삶을 실천하는 이들의 모습을 통해 자기 삶을 돌아보게 되었다고 했다. 어떤 분들은 지구의 아픔에 깊이 공감하며 눈물을 훔치기도 하셨다. 도시와 시골에서 섬세한 감각을 잃지 않고, 지구를 치유하는 아주 작은 행동이라도 실천하기 위해 부단히 애쓰는 분들이 많다는 사실을 직접 경험할 수 있었다.

독자들을 만나며 내가 경험한 생태마을은 아주 작은 일부라는 걸 느끼게 되었다. 마을에서 겪은 일을 회상하고 나눌수록, 그 속에 내가 미처 보지 못하고, 이해하지 못한 더 넓고 깊은 세계가 숨어 있음을 깨달았다. 그러면서 첫 번째 책에서는 다 담아내지 못한 이야기를 풀어보고 싶어졌다.

    조금 더 깊은 차원에서 생태마을이 이 시대에 갖는 의미, 생태마을 깊숙이 자리한 세계 또는 그 너머의 세계를 조망하고, 그 속에서 울리는 지구 어머니의 목소리를 듣고 또 나누고 싶어졌다. 생태마을 여행에서 만났던 스승들을 다시 찾아뵙고 싶은 마음도 커져만 갔다. 그들을 만나다보면, 다음 이야기를 시작할 수 있겠다는 생각이 들었다. 이 시대에 드리운 우울하고 짙은 그림자를 헤쳐나갈 수 있는, 선명하고 반짝이는 지혜를 발견할지도 모른다는 직감이 들었다.

    불평등과 우울함의 시대, 기후 위기를 넘어 기후비상시대라는 시절 속에서 지혜 한 모금이 그 어느 때보다 간절하게 그리웠던 나는 10년 만에 다시 길에 올랐다. 10년 전에는 오직 내 안의 질문에 대한 답을 찾기 위해 떠났지만, 이제는 지금 자라는 우리 아이들과 다음 세대를 생각하며 길 위에 섰다.

    처음 길을 떠났을 때처럼, 우리 시대 스승들은 따뜻한 환대로 맞아주었고 기꺼이 자신의 이야기를 들려주었다. 조심스레 인터뷰를 요청하는 내게 오히려 어서 빨리 대화를 나누자고 했다. 코로나 바이러스가 생기기 전에는 국경을 넘어 그들을 직접 만나 기록을 남겨두었고, 이후 책을 쓰는 동안 화상으로 추가 인터뷰를 진행해 이야기를 더했다.

그동안 생태마을 활동가와 교사로 살면서 겪은 일들, 현장에서 들었던 고민과 생각을 바탕으로 '여성성, 생태, 교육, 지역, 영성, 치유'를 인터뷰 키워드로 정했다. 이 책에는 내가 만난 여러 스승들 가운데 이러한 주제에 관해서 깊은 통찰력을 갖고, 삶을 통해 실천하며 많은 이들의 손을 잡아준 네 분의 이야기가 실려 있다.

세계생태마을네트워크 대표 코샤 쥬베르트, 지역화운동의 선구자 헬레나 노르베리 호지, 생태 교육의 본부 슈마허대학 설립자 사티시 쿠마르, 식물 치유가이자 교육자 엠마 패럴이다. 직접 만나 뵙고 싶었지만, 연세가 많아 물리적으로 인터뷰를 하기 어렵거나 인연이 닿지 않은 선생님들의 이야기는 그분들의 강연과 글을 참고해 책 속에 조금씩 녹여냈다.

선생님들과 이야기를 나누는 동안 인류는 지금 수많은 경계 속에서 겨울의 시기를 보내는지도 모른다는 생각이 들었다. 인간과 자연, 남자와 여자, 물질과 정신, 이성과 감성, 과학과 종교 등 세상에는 수많은 경계가 존재하고, 그 경계들은 인류가 새봄을 맞이할 수 있는 생각과 상상력을 가로막는다. 어떤 이는 봄이 다시 오기에는 이미 너무 늦었다고 말한다. 정말 그럴지도 모른다.

그러나 오랜 역사 속에서 지혜로운 어른들은 겨울밤 불가에 둘러앉아 서로의 고단한 어깨를 쓰다듬으며 위기를 헤쳐나갈 이야기를 다정히 들려주었다. 그들이 이 책을 통해 들려준 이야기가 우리의 시리고 메마른 가슴에 싱그러운 봄비처럼 내리길 바란다.

나는 모든 이들의 내면에 지혜로운 노인이 존재한다고 생각한다. 지금 이 이야기가 천천히 당신의 몸속으로 흘러들어 차가운 시대의 바람으로 얼어붙은 마음을 녹이고, 내면 깊은 곳에 잠들어 있는 지혜로운 노인을 깨울 수 있으면 좋겠다. 우리 안에 울리는 지혜롭고 유쾌한, 다정하고 사랑스러운 목소리와 다시 연결될 수 있으면 좋겠다. 내 안에, 그대 안에, 우리 안에 살아 있는 오래된 지혜가 깨어나 이 시대의 경계를 넘고 넘어서, 새로운 상상력이 되어 이 땅 위에 새바람으로 불어오길 바란다.

이 책이 세상에 나올 수 있도록 지혜의 샘에서 생명의 이야기를 길어 올려 아낌없이 내게 쏟아부어주신 스승들, 다정한 손길로 한 가닥 한 가닥 정성스레 엮어준 열매하나 출판사, 어려운 시기를 함께 견디며 책이 나올 수 있도록 마음을 모아준 식구들 그리고 학생, 친구, 청년 들, 지구를 치

유하는 손길을 세계 곳곳에서 내미는 모든 이들에게 사랑
과 고마움을 한아름 보낸다.

차례

서로를 돌보며 성장하는 지역화의 힘
헬레나 노르베리 호지

식물이 가르쳐주는 균형의 세계
엠마 패럴

맺음말

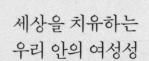

세상을 치유하는
우리 안의 여성성

세계생태마을네트워크 대표

코샤 쥬베르트
Kosha Joubert

여성, 아시아인,
교사의 눈으로

스무 살 무렵, 가슴 속 가득 질문이 차올랐다. 교과서나 강의실에서 그 답을 발견하지 못했던 나는, 익숙한 장소와 사람들을 떠나 전 세계 곳곳에 있는 생태마을을 찾아 길을 나섰다. 마을 사람들은 한국에서 찾아온 청년을 두 팔 벌려 맞이했고, 자신들이 쌓아올린 단단한 경험과 시간을 기꺼이 나눠주었다. 한 마을에서 다른 마을로 옮겨갈 때마다 희뿌옇던 질문이 차츰 선명해졌다. 한참 길을 걷다보니 작고 평범한 것들이 눈에 들어오기 시작했고 어쩌면 그 속에서 답을 찾을 수 있겠다는 생각이 들었다.

여행에서 돌아와 얼마의 시간이 지난 뒤, 서울 생활을

정리하고 시골에 있는 어느 한국 공동체 마을로 내려갔다. 내가 만났던 생태마을 사람들처럼 살리라 꿈에 부풀었다. 그러나 그곳에서 가장 처음 들은 조언이자 경고에 아연실색하고 말았다.

"이 작은 마을에서 연애하다 헤어지면 여자만 욕을 먹어. 그러니 연애하고 싶으면 다른 곳에서 만나."

순간 내 귀를 의심했다. 성별과 나이에 관계없이 동등한 기회가 주어지고 필요하다면 누구나 자신의 목소리를 낼 수 있었던 유럽의 생태마을을 경험했던 내게 그 말은 너무나 비현실적으로 들렸다.

하지만 얼마 지나지 않아 그 말이 이곳의 현실임을 직시했다. 생태적인 삶과 공동체를 지향하는 곳이었지만, 소위 학벌이 좋거나 나이 많은 남성들의 목소리에 힘이 실렸고, 아무것도 없이 혼자 사는 20대 여성의 목소리와 꿈은 쉽게 묻히기 마련이었다. 아무리 대안적인 마을이라도 한국 사회가 앓는 고질적인 문제에서 벗어나지 못했던 것이다. 그런 상황 속에서 나는 무언가를 시도하기는커녕 유럽의 생태마을과 이곳을 끊임없이 비교하며 속으로 비난의 말만 쏟아냈다. 결국 1년도 채 되지 않아 뼈아픈 기억만을 안고 그곳을 떠났다.

스스로가 한없이 무모하고 한심하기만 했다. 생태마을을 여행하며 배운 것들을 우리나라 청년들과 나누고 또 만들어가겠다는 꿈이 허황되게 느껴졌다. 그렇게 길 위에 쓰러지고 나니 아무것도 하고 싶지 않았다. 그러나 신비롭게도 모든 걸 포기하고 싶었던 그때, 과거에 길 위에서 만난 사람들과 자연의 목소리가 자꾸만 나를 일으켜 세웠다.

내가 생태마을에서 경험한 것들은 쉽게 잊히거나 포기할 만큼 결코 작은 것이 아니었다. 힘을 길러야겠다고 결심했다. 내가 받은 우정과 사랑과 꿈을 나누는 사람이 되려면, 먼저 그것을 '나눌 수 있는 힘'이 필요했다. 그때부터 닥치는 대로 일해서 번 돈으로 공부를 했다. 무언가 배울 수 있다면 도시와 시골, 전 세계를 가리지 않고 찾아갔다. 그런 중에 생태마을에서 경험한 교육 프로그램을 바탕으로 학생과 청년 들에게 명상과 영어를 가르치기도 하고, 생태 및 교육과 관련된 통·번역 일을 할 기회도 얻었다.

그리고 3년 뒤 뜻밖의 선물이 찾아왔다. 아시아와 오세아니아 지역에 있는 세계생태마을네트워크Global Ecovillage Network(줄여서 젠GEN이라고도 부른다) 콘퍼런스에 한국 청년 대표로 초청된 것이다. 그곳에서 부탄, 일본, 스리랑카, 태국, 인도 등에서 온 아시아 생태마을 활동가들을 만났다. 그들을 통해 아시아의 생태마을 운동은 뜻이 맞는 사람들이 모여 새로운 생태마을을 만들어가는 유럽의 마을과 달리, 전통마을을 살려나가는 추세임을 알 수 있었다. 그러나 당시까지 유럽에 있는 생태마을만 돌아본 내 눈에는 이들의 환경이 이루 말할 수 없이 열악해 보였고 콘퍼런스 진행 과정도 미흡하게만 보였다.

하지만 나는 그 콘퍼런스를 시작으로 아시아와 아프리카의 생태마을에 대해 배웠고 실제로 직접 방문할 기회도 얻었다. 아프리카의 한 생태마을에 있는 유기농 가게에서 받았던 충격을 아직도 잊지 못한다. 유기농 가게라는 그곳에서는 버젓이 코카콜라와 햄버거가 팔리고 있었다. 이것이 지구 어딘가의 생태마을, 생태 운동의 현주소이기도 하다는 것을 받아들이기까지 꽤 오랜 시간이 걸렸다.

극단적인 사례이기는 하지만, 생태마을이라고 불리는 곳은 좋은 환경 속에서 지속가능한 시스템이 탄탄하게 갖춰진 마을부터, 유기농업의 의미가 무색하게도 코카콜라를 판매하는 마을까지 그 차이가 크다는 사실을 발견했다.

세계가 불평등한 것처럼 생태마을도 저마다의 현실을

기반으로 만들어진 곳이기에 불평등과 차이가 존재하는 것은 어쩌면 당연한 일이었다. 그때서야 내 스스로가 생태마을의 모든 척도를 유럽 사회에 두고 있었음을 깨달았다. 유럽 생태마을 사람들은 오히려 내게 서구 사회를 따라가지 말라고, 내가 태어난 땅 아시아, 한국에서 더욱 깊은 지혜를 찾아낼 수 있다고 말해주곤 했다. 하지만 역설적이게도 나는 수많은 아시아와 아프리카 청년 들처럼, 생태마을이라는 것조차 서구의 형태만을 따라가야 한다는 세계관 속에서 자유롭지 못했다. 생태마을이라는 세계도 결국 내가 처한 현실 문제와 동떨어져 있지 않음을 절감하며, 편협했던 나의 시각을 돌아보게 되었다.

시간이 흘러 내 삶의 흐름은 20대에서 30대로 넘어갔고 모교로 돌아가 교사가 되었다. 내가 뜨겁게 경험한 것들을 아이들과 나누고 공부하며 희망을 만들어가리라 다짐했다. 그러나 어느 날부터인가 점점 교사, 어른이라는 이름으로 아이들 앞에 서는 것이 막막해지곤 했다.

"선생님, 많은 동물이 비좁은 공간에서 참혹하게 죽어나가고, 많은 숲이 불타 사라지고, 남성과 여성, 사람들 사이에 혐오와 차별이 만연해요. 이런 시대를 알아가고 배워갈수록 제가 교실에서 공부만 하는 것이 옳은 일인지 모르겠어요. 우리는 앞으로 이 절망스럽고 우울한 세상을 어떻게 살아가야 하나요?"

그 학생에게 이 작은 교실에서 우울하게만 느껴지는 미래를 살아갈 방법과 희망을 함께 찾아보자는 이야기를 차마 꺼낼 수 없었다. 아니 희망이라는 것이 정말 있는지, 희망으로 나아가는 구체적인 방법은 무엇인지, 정작 나부터도 확신하지 못하고 있었다. 그 어느 때보다 내게도 지혜로운 스승이 필요한 순간이었다. 희망을 찾아 다시 길 위에 서기로 마음먹은 순간, 가장 먼저 만나야겠다고 떠올린 사람이 있다.

✳

최초의 여성 리더

첫 번째 인터뷰이는 세계생태마을네트워크의 최초 여성 대표인 코샤 쥬베르트Kosha Joubert이다.

코샤는 25년 동안 생태마을에 살면서 문화 간 소통, 지속가능성, 공동체 역량 강화 분야에서 퍼실리테이터, 컨설턴트로 활발히 활동했다. 젠 산하에 있는 교육 기관인 가이아 에듀케이션Gaia Education의 공동 설립자로 지속가능성을 위한 교육 프로그램을 개발했고 생태마을디자인교육Ecovillage Design Education 커리큘럼도 집필했다. 또한 코샤는 삶 속에서 영성을 실현하고, 세상을 변화로 이끄는 100인의 여성에게 주는 다디 잔키 상the Dadi Janki Award을 받았다.

나는 코샤가 진행하는 워크숍에 몇 번 참가할 기회가 있었다. 워크숍에서 인상적이었던 부분은 무엇보다 그의 소통 방식이었다. 국제 행사의 가장 어려운 점 하나는 소통, 바로 언어다. 그는 자신이 전달하고자 하는 바의 핵심을 영어 실력이 높지 않은 각국의 사람들이 쉽게 이해할 수 있도록 표현할줄 알았다. 또한 여러 국적의 참여자가 있는 그룹 속에서 발생하는 갈등 상황을 침착하게 중재하기도 했다. 이런 모습을 통해 그의 국제 사회 현장 경험의 깊이가 남다르다는 것을 느낄 수 있었다. 그는 분명 내가 만난 국제 커뮤니케이터 대가들 중 한 명이었다.

나는 코샤라면 세계적인 위기 속에서 우리가 어떻게 살아가야 할지, 국제적인 생태 운동 경험을 바탕으로 해줄 수 있는 이야기가 많겠다고 생각했다. 더불어 지속가능성, 생태, 평화를 주제로 30년 가까이 교육 현장에서 쌓은 그의 경험은 어떤 이론보다 살아 있는 이야기로 사람들에게 다가갈 수 있다고 생각했다. 무엇보다 한국의 생태 운동 현장에서 찾기 어려운 여성 활동가라는 점도 의미가 있었다.

바쁜 일정을 소화하는 코샤와 기적적으로 인터뷰 날짜를 잡은 뒤 스코틀랜드 핀드혼 생태마을Findhorn Foundation에 있는 그의 집을 방문했다. 우리는 개인적 삶의 여정을 비롯해 생태마을의 개념, 생태 운동과 여성, 미래 사회에 대한 전망을 주제로 이야기를 나눴다. 그는 어떤 질문에도 주저 없이 답했고 자신의 솔직한 이야기를 편안한 목소리로 전했다.

✳

흑인과 백인이 서로
도우며 살아가는 마을

코샤, 가장 먼저 당신이 생태마을에 관심을 두게 된 계기가 궁금합니다. 왜 이 세계 속에 뛰어드셨나요?

≋

저는 남아프리카공화국에서 자랐어요. 어린 시절 그곳은 인종 차별이 심했고 사회 시스템은 불평등했습니다. 백인은 특권을 누리며 보호받았고, 흑인과 그 외 사람들은 불평등 속에서 살아야만 했죠.

저는 보수적인 백인 가정에서 자랐습니다. 어른들은 제게 사회적 현실을 감추며 '우리가 모두를 위해 얼마나 정당한 일을 하는지'에 대해서만 이야기했어요. 하지만 저는 이 사회가 불평등하다는 것을 깨달았어요. 제 몸의 감각들이 그것을 자연스럽게 감지했죠. 제가 옳다고 여기는 가치와 실제 사회에서 일어나는 현상이 일직선 위에 잊지 않다는 것을 느꼈어요. 저는 이 사회적 구조에 역겨움을 느꼈고 인종차별 반대 운동anti-apartheid movement에 참여했습니다. 그당시 남아프리카공화국에서 이런 일에 참여한다는 사실이 알려지면 굉장히 위험하고 폭력적인 상황에 노출될 수밖에 없었지만 저는 이를 감수했습니다.

1990년대로 넘어오며 저는 문화 간 소통cross-cultural communication에 관심이 생겼고, 암스테르담에서 문화인류학과와 언어학 석사 학위를 마쳤습니다. 공부를 끝마칠 즈음 넬슨 만델라Nelson Mandela(남아프리카공화국 최초의 흑인 대통령이자 흑인 인권 운동가. 종신형을 받고 27년을 복역하면서 세계 인권 운동의 상징적인 존재가 되었다)가 석방되었습니다. 저는 그때 인종 차별이 막을 내렸다는 것을 느끼며 활동을 정리하기로 했죠. 사실 그 일을 하는 동안 제 마음은 늘 분노로 가득 찼고, 내면의 만족을 느끼지 못한다는 사실을 발견했기 때문이에요.

어떻게 살아야 할지 고민하다 빈손으로 남아프리카공화국의 흑인자치구역homeland으로 순례를 떠났습니다. 길위에는 폭력이 만연했기 때문에 저는 몇 번이나 제 안에 있는 두려움을 직면해야 했죠. 돈 없이 남아프리카공화국의 모든 지역을 걸어나간다는 것, 특히 백인 여성이 들어가지 못하는 제한된 구역을 가는 것은 무척 위험한 일이었습니다. 하지만 저는 모든 곳을 통과해서 걸어나갔습니다.

그중에서도 가장 인상 깊었던 장소는 마지막 목적지였던 트란스케이 흑인자치구역이었습니다. 아프리카 토속 문화가 살아 숨 쉬는 아름다운 마을이었습니다. 이곳에서 저는 백인과 흑인 들이 함께 공동체를 일구며 사는 모습을 보았어요. 백인이 흑인에게 오두막과 농사짓는 법을 배우고 있었죠. 그들은 흑인과 백인 간의 트라우마를 치유하고 땅과 사람의 관계를 회복하며 살아가기 위해 노력했어요. 그 모습을 본 순간 드디어 제가 찾던 무언가를 발견했다는 생각이 들었습니다.

넬슨 만델라의 인종 차별 반대 운동처럼 사회 위에서 시작하는 변화도 중요하지만 아래에서 위를 바꾸는 혁명, 다시 말해 문화를 바꿔내는 것, 이것이야말로 제가 걸어가야 할 길임을 확신했어요. 이 여정을 통해 우주의 신비를 느꼈고 사람과 자연에 대한 믿음도 솟아났습니다.

그때부터 제 여정은 한 공동체에서 다른 공동체로, 한 생태마을에서 다른 생태마을로 이어졌어요. 그리고 이런 곳들이 전 세계에 있다는 걸 알게 되었죠. 때마침 힐더 잭슨Hildur Jackson과 로스 잭슨Ross Jackson이 전 세계에 있는 생태마을을 탐험하며 생태마을 간 네트워크를 준비한다는 소식도 들었습니다.

많은 사람들은 현실과 정반대의 세계, 현실의 끝에 서 있는 이 마을들에 관심을 두지 않았지만 어떤 이들은 생태마을이 미래 사회에 중요한 가치를 가져다줄 것을 예견했습니다. 1995년 핀드혼에서 콘퍼런스를 통해 네트워크가 시작됐고, 그때 저 역시 독일의 한 공동체에 살면서 생태마을 운동에 참여하게 되었습니다.

✳

지구 위에 그리는
재생의 지도

저는 사실 20대 시절 주로 방문했던 유럽 생태마을을 생태마을의 기준점으로 여겼습니다. 하지만 뒤늦게 아시아, 아프리카에 사는 생태마을 활동가들을 만나면서 다양한 생태마을이 있음을 알았고 그동안의 제 시각이 얼마나 편협했는지 깨달았어요. 더불어 젠을 이루는 구성원 중에는 마을뿐만 아니라 개인, 프로젝트, 기업이 존재하고 이들은 저마다 개성이 넘쳐납니다. 그런데도 이들 사이에는 어떤 공통점이 있다고 생각합니다. 젠이 말하는 생태마을의 개념은 어떤 것인가요?

〰〰〰

생태마을의 개념은 사실 복잡한 지도와 같아요. 가장 기본적인 개념은 도시와 지방에 있는 공동체로, 사람들의 자발적인 참여로 형성된 곳을 말합니다. 하지만 '공동체에 기반을 두고 사는 형태'라는 점에서 작은 모임, 공동체, 마을, 국가까지 포함할 수 있습니다. 그래서 젠 안에는 생태 시민, 생태 프로젝트, 생태 공동체, 생태마을, 생태 학교, 생태 지역, 생태 도시, 생태 국가가 있습니다. 지역이나 나라마다 서로 다른 단계에 있지만 우리는 그것을 끌어안으려고 노력합니다.

이 모든 것의 중심에 '재생regeneration'(또 다른 의미로 소생, 회생)이라는 화두가 있습니다. 공동체의 사회적·문화적·생태적·경제적 차원의 재생을 말하죠. 공동체마다 네 가지 차원을 실현하는 정도의 차이는 있지만, 큰 테두리 안에서 이 원칙을 함께하는 곳을 생태마을이라고 봅니다.

네 가지 차원이 무엇인지 좀 더 자세히 살펴볼까요. 첫 번째, 사회적 차원은 공동체 안에서 일어나는 의사소통, 의사 결정, 다양성, 사회적 네트워크 등을 포함합니다. 함께 살아가다보면 갈등이 일어나기 마련이죠. 소통을 통해 이를 해결하는 일이 중요하고 이 과정에서 의사 결정 절차도 필요합니다. 더불어 공동체 안에서 일어나는 다양성을 수용할 수 있어야 하고 동시에 그 다양성을 통합시킬 수 있어야 하죠. 다양성과 통합이 원활하게 순환하려면 실제적인 기술이 필요해요. 이런 것을 연습하고 실현해나가는 것이 사회적 차원입니다.

우리는 생태마을 사람들 간에 합일된 분명한 목표가 있을 때, 즉 이 세상에 어떤 점을 기여할지 구체적이고 지속가능할 때, 성공하는 것을 보았습니다. 생태마을마다 구체적으로 사회에서 어떤 영역에 기여할지 분명한 목적의식이 필요합니다. 이것은 또한 그 공동체에 사는 한 개인의 삶의 목적과도 연결됩니다. 개인마다 삶의 목적은 다 다르기 때문이죠. 그래서 사회적 차원은 개인의 자기 성찰, 삶의 목적, 소명과도 연결됩니다. 한 개인의 소명이 공동체 더 나아가 사회의 소명과 서로 조화롭게 조율하고 소통하는 것, 더불어 공공의 선을 이뤄나가는 과정에 필요한 가치와 기술을 사회적 차원이라고 생각하면 됩니다.

두 번째로 문화적 차원입니다. 생태마을은 저마다 독특한 문화를 양산합니다. 그 문화의 바탕에는 세계관, 정신, 철학, 영성이 깃들어 있습니다. 한국에 있는 생태마을은 스코틀랜드, 세네갈, 라틴 아메리카의 생태마을과는 다를 것입니다. 우리는 이런 문화적 다양성을 무척 의미 있게 생각합니다. 사람의 존엄성을 지키는 문화적 전통과 혁신적인 문화 등 우리는 생태마을이 저마다 지닌 아름다움과 예술성을 살려나가는 것을 문화적 차원으로 봅니다.

세 번째로 생태적 차원입니다. 생태마을의 중심에는 당연히 '생태'가 있습니다. 우리가 속한 오염된 생태계를 어떻게 살려낼 수 있을지, 생물 다양성을 어떻게 지킬 수 있을지 고민합니다. 우리는 공동체에서 가장 먼저 어떤 방식으로 먹거리를 기를지 생각해야 합니다. 내가 사는 집의 작은 발코니에서 먹거리를 기를 수도 있고 공원이나 도시 외곽에서 먹거리를 기를 수도 있습니다. 아니면 유기농으로 농사짓는 농부들과 파트너를 맺을 수도 있죠.

먹거리를 시작으로 씨앗과 토양에 관해서도 생각해야 합니다. 물은 어디에서 오는지, 오염된 물의 시스템을 어떻게 치유할 수 있는지도 말이죠. 나아가 필요한 에너지를 어떤 방식으로 생산할지, 어떻게 쓰레기를 처리할지 고민합니다. 우리가 버리는 쓰레기 중에는 퇴비를 만드는 중요한 재료가 되는 것들이 있습니다. 그래서 생태마을 사람들은 재활용 시스템을 연구하고 쓰레기들을 다시 훌륭한 자원으로 바꿔냅니다. 재생을 바탕으로 한 모든 활동과 실험을 생태적 차원으로 보는 것이죠.

마지막으로 경제적 차원입니다. 젠의 초기 시절, 생태 마을에 사는 많은 사람들은 주류 경제가 지구를 파괴한다고 생각했습니다. 그래서 저를 비롯한 많은 사람들은 '돈 없이 살기'를 시도했죠. 하지만 이것은 오히려 우리가 가진 것이 항상 부족하다고 여기는 빈곤 의식poverty consciousness을 형성했습니다. 지금 젠은 이 생각에서 또 다른 변화를 시도합니다. 구체적으로는 이집트 생태마을 세켐Sekem에서 말하는 '사랑의 경제economy of love'를 구현해보면 어떨까 생각합니다.

세켐은 유기농업을 통해 사막화된 땅을 오아시스로 변화시킨 생태마을이죠. 이곳의 성공 사례는 이집트뿐만 아니라 전 세계적으로 잘 알려졌고요. 세켐에서 말하는 사랑의 경제는 흔히 생각하는 경제와는 조금 다르게 전일적全一的, holistic인 관점에서 '문화, 생태, 사회, 경제'가 어우러진 새로운 경제 모델을 내세우는데요. 보통 경제적 목표라고 하면 개인이나 조직의 이익 실현을 최우선 가치로 생각하지만, 세켐은 이익 창출은 물론 비즈니스 파트너들 간의 협력이나 상호 존중, 나아가 공정한 무역에 대해서도 경제적 가치로 보고 적극적으로 활동하니까요.

젠에서 세켐의 대안적인 비즈니스 방식을 도입한다는 건 생태마을이 지금까지와는 조금 다른 방향으로 변화해야 한다는 걸 의미하는 걸까요?

〰〰〰

우리의 목표는 자본으로 자연을 치유하고, 이 과정에 함께하는 사람들에게 돈이 돌아갈 수 있도록 하는 것이에요. 그 돈으로 다시 세상을 치유할 수 있는 생산품을 만들어도 좋겠죠. 이런 방법으로 사회적 기업을 창립할 수 있고, 이렇게 만들어진 기업은 수익을 공동체의 행복과 네트워크에 재투자할 수 있습니다. 세켐의 모델을 도입하려는 이유도 바로 여기에 있습니다. 그들은 함께 일하는 파트너를 자신들의 인증 시스템 안으로 받아들여 비즈니스 생태계를 키워갑니다.

젠에서도 지역 경제를 지지하는 힘을 기르려고 합니다. 어떻게 지역 화폐, 지역 금융 시스템을 지원할 수 있는지 계속 생각합니다. 서로 경쟁하기보다 협력할 수 있는 방법, 모두에게 유리할 수 있는 방법을 연구하죠. 공동체 안에 사는 모든 사람이 땅이나 기본적인 사회 기반 시설 등에 쉽게 접근할 수 있는 방법도 찾습니다. 마을에 사는 사람이 땅의 소유주가 아닌 땅의 관리인이자 수호자로 살아갈 수 있도록 고민합니다. 바로 이런 것들이 생태마을에서 말하는 경제적 차원입니다.

그렇지만 네 가지 차원은 어떤 조직이나 공동체에서도 적용하고 변형시킬 수 있습니다. 이것은 생태마을을 구성하는 재료들일 뿐이고 사실 통합적인 형태로 작동합니다. 저는 기본 원칙을 바탕으로 사람들이 저마다의 개성을 발휘하며 함께 살아가는 곳을 생태마을이라고 봅니다. 그리고 저마다의 길을 찾아야 우리가 지구 위에 '재생의 지도map of regeneration'를 그릴 수 있다고 생각해요. 이 지도 속으로 걸어 들어오는 모든 분들을 언제나 환영합니다.

여성성을 회복한다는 것

이제 여성성에 기반을 둔 리더십feminine leadership에 관한 이야기를 나눠보고 싶어요. 저는 세계의 여러 생태마을을 방문하고 각종 콘퍼런스에 참여하며 많은 여성 대표들을 만났습니다. 제가 경험한 한국 사회의 여느 조직과 비교할 때 이 점은 굉장히 인상 깊었어요.

현재 페미니즘은 한국뿐만 아니라 전 세계적으로 큰 주제이며 제가 만나는 10대 학생들에게도 중요한 이슈입니다. 생태마을 운동 전반에 걸쳐 여성성에 기반을 둔 리더십에 대한 당신의 경험과 지혜를 나눠주실 수 있을까요?

젠을 처음 시작한 사람은 세 명의 남자였습니다. 자연스레 젠의 초창기 리더십은 남성성에 기반을 둔 리더십masculine leadership이었죠. 시간이 흘러 제가 유럽 지역 최초의 여성 대표가 되었고 이후 젠의 첫 여성 대표로서 활동했죠. 최근 젠 오세아니아에서도 여성 대표가 선출되어 굉장히 뿌듯합니다.

물론 젠이라는 조직도 여성성에 기반을 둔 리더십을 이루어내기까지 기나긴 여정을 지나야 했습니다. 현재 젠은 정책적으로 남성과 여성의 50대 50 리더십을 규정하고 있지만 실상 이 정책은 엄격하지 않고, 이제는 여성 활동가가 훨씬 더 많은 상황입니다. 안타깝게도 그 이유 가운데 가장 확실한 한 가지는 낮은 월급 때문이죠. 과거와는 다르게 조직 안에서 오히려 여성의 비율이 높아짐에 따라 우리 안에 남성적 리더십 또한 필요하다는 것을 알게 되었습니다. 그런 부분을 유념하며 회의 시 남성성에 기반을 둔 목소리를 강조하기도 하죠.

많은 사상가, 철학자, 예언가 들은 오랫동안 가부장제가 자리 잡았던 시대를 지나 여성성에 기반을 둔 리더십이 세상에 드러나야 할 때가 온다고 말했지요. 여성성에 기반을 둔 리더십의 출현은 양성평등, 젠더 권리에 있어 우리가 넘어야 할 아주 중요한 과제입니다. 이 말은 남성성에 기반을 둔 리더십이 필요 없다는 뜻이 아닙니다. 사회에서 여성성이 남성성과 동등하게 발휘될 수 있도록 회복되어야 할 때라는 거죠. 지금은 상대적으로 사회적 영향력이 적었던 여성들이 자신의 목소리를 더 많이 낼 수 있도록 남성들이 여성 리더를 지지해줘야 할 때입니다.

저는 과거 역사를 돌아볼 때, 공동체를 이끌고 보호하는 일은 여성에게 주어진 자연스러운 역할이라고 생각합니다. 그 당시 남성들은 주로 사냥을 하기 위해 밖으로 나갔고, 여성들은 공동체를 지키고 아이와 노인 들을 돌보며 소신껏 자신의 목소리를 냈습니다. 공동체에 살아가는 여성에게 이것은 전형적인 임무였던 거죠.

이 주제와 관련된 셰릴 샌드버그Sheryl Sandbergs의 연구를 살펴보면 매우 흥미롭습니다. 미국에 있는 남성 리더와 여성 리더가 똑같은 글을 자신의 직원에게 읽도록 했는데, 직원들은 여성 리더의 글을 엄격하고 권위적인 글이라고 평가한 반면 남성 리더에게는 긍정적인 평가만을 했습니다. 이와 같은 것들은 여성들이 사회에서 종종 경험하는 상황입니다.

여성은 필요한 때에 자기 생각을 이야기할 수 있어야 하고, '예', '아니오'를 분명히 표현할 수 있어야 합니다. 하지만 이것은 현실에서 정말 쉽지 않은 일이죠. 사람들은 여성에게 어떤 것을 투사하는 경향이 있기 때문입니다.

저도 여성 리더로 험난한 길을 걸었습니다. 성적 학대에 노출되기도 했고, 제가 리더십을 발휘하지 못할 거라 생각하는 사람들에게 둘러싸여 믿는 바대로 나아가지 못한 적도 있습니다. 이런 상황 속에서 다시 일어서는 것은 매우 어려운 일이었어요. 왜냐하면 많은 남성은 태어나면서부터 "너에게는 여러 사람을 이끌 수 있는 자질이 있다"라는 말을 자연스럽게 듣고 자랐겠지만, 저의 경우에는 "너는 다른 사람들을 돌봐야 한다"와 같은 이야기를 들으며 성장했기 때문입니다.

우리는 '리더십에 대한 길'을 잘 찾아갈 수 있어야 합니다. 그리고 깊은 차원에서 여성성에 기반을 둔 리더십이 어떤 것인지 생각해봐야 하죠. 남성성에 기반을 둔 리더십을 그대로 여성이 복사하는 것은 제가 말하는 리더십이 아닙니다. 여성성을 드러내는 자신만의 방법을 찾을 수 있어야 합니다. 저도 그 길을 찾는 과정에 있습니다. 제게도 남성성에 기반을 둔 리더의 특성이 있다는 것을 알아요. 그 특성이 없었다면 지금 맡고 있는 역할을 수행할 수 없었을 거예요.

저는 제 안의 여성성을 살려 일하려고 노력합니다. 예를 들어 사람들의 이야기를 들을 때 복잡하게 서로 연결된 이야기들을 이성이 아닌 직관과 몸의 감각을 써서 이해하려고 하죠. 사업 계획을 수립할 때도 유기적인 상황 속에서 감각과 직관을 사용해 새로운 것을 시도하려고 합니다. 제가 사용하는 이 감각은 전형적으로 여성적인 것이지만 남성 안에도 내재합니다.

저는 여성성이라는 것은 '생명을 돌보는 것', '자연', '달의 주기'와 가까이 연결되었다고 생각합니다. 아이를 낳고 기르는 과정과 닮아 있기도 하죠. 저는 아이를 낳고 기르는 과정을 통해서 생명을 향해 머리를 굽혀 절하는 마음을 배웠고 생명이 귀하다는 것을 몸소 느꼈습니다. 아이를 향한 어머니의 사랑은 내가 낳은 자식만을 사랑하는 것이 아니었습니다. 어미 코끼리가 아기 코끼리를 사랑하는 마음, 어미 늑대가 아기 늑대를 사랑하는 마음, 자연이 모든 생명을 돌보려는 그 마음과 똑같습니다. 바로 이 마음이 여성성에 가깝다고 생각합니다.

생명은 살아가기 위해 다른 생명을 먹습니다. 우리는 식물을 먹고 동물을 먹기도 합니다. 그러나 '어머니라는 경험'을 통해 생명을 경외하는 마음이 사람의 가장 밑바탕에 있다는 것을 느꼈습니다. 여성성의 가장 중심에는 지구를 사랑하는 마음이 있습니다. 저는 제 자궁을 통해서 지구와 연결되어 있다고 느꼈고 이것을 통해 여성성을 경험했습니다.

지금 이 지구를 살아가는 남성과 여성 모두 큰 우울감을 느끼고 있습니다. 우울증은 20~30퍼센트에 달하는 질병의 원인이라고 하지요. 지금의 우울증은 기후 위기와 생물 다양성이 무너진 오염된 시스템의 영향이 크다고 생각합니다. 우리가 겪는 우울증이라는 현상은 현대 사회의 반영입니다. 그렇기 때문에 문제를 치유하기 위해서는 사회 현상을 제대로 인식하고 시의적절하게 반응할 수 있어야 하죠.

하지만 서둘러 사회에서 어떤 행동을 취하라는 이야기는 아니에요. 우리는 오히려 자신의 내면 깊은 곳으로 들어가 자기만의 길을 찾아야 합니다. 나만의 목소리로, 내가 잘할 수 있는 방식으로 세상과 연결되어야 하죠. 저는 이것이 여성성을 회복하는 일이라고 생각해요. 한 개인이 많은 책임을 지지 않아도 됩니다. 자신만의 고유한 길을 찾으면 되니까요. 이것은 마치 '소명'을 찾는 것과 같습니다. 이 소명은 우리 몸의 저 밑바닥에서 꿈틀거리는 어떤 느낌입니다. 우리가 소명을 따라 길을 걷기 시작한다면 우주는 우리를 혼자 내버려 두지 않을 것입니다.

꼭 덧붙이고 싶은 말이 있는데요, 저는 사실 우리 모두가 리더라고 생각합니다. 정확하게는 모든 사람이 리더가 되어야 한다고 생각하죠. 우리는 지구라는 커다란 원circle 속에 있는 하나의 존재일 뿐입니다. 우리는 이 원 안에 함께 있기 때문에 원 안에서 일어나는 일에 책임감을 느껴야 해요. 그리고 이 원은 확장되어야 합니다. 저는 이 원 안에 있는 여러분이 서로를 지지하고 돕기를 바랍니다. 모두가 남성성과 여성성을 온전히 발현하기를 바랍니다. 서로를 지지하는 아름다움, 우아함, 부드러움 속에서 모든 사람과 생명의 참여를 끌어내며 리더십을 발휘하는 존재가 되었으면 합니다.

✳

대전환을 일으키는
'빛나는 작은 선'

마지막 질문으로 미래를 어떻게 전망하고 계시는지 묻고 싶습니다. 제가 만나는 학생들은 미래를 떠올리면 무척 암울하다고 합니다. 그런 학생들 앞에서 뚜렷한 해답을 제시할 수 없는 저 역시 마찬가지고요.

사회 구조적인 문제나 기후 위기는 너무 거대하게만 느껴져 어떻게 해결하면 좋을지 엄두가 나지 않아 그저 일상에서 벌어지는 작은 일, 개인이 감당할 수 있는 범위의 일에만 지나치게 몰입하는 경향이 있다고 느껴집니다.

당신은 전 세계를 다니며 여러 분야에 있는 사람들과 함께 일하고 있습니다. 이제까지의 경험을 바탕으로 미래 사회는 어떻게 흘러가리라 예측하시나요? 그리고 우리는 이 위기 속에서 무엇을 할 수 있을까요?

≋

굉장히 고통스러운 질문입니다. 현재 세상에서 일어나는 문제를 마주할 때면 제 마음은 무너져 내립니다. 이미 지구의 절반이 넘는 인구가 온몸으로 기후 위기를 경험했습니다. 짐바브웨에 있는 한 공동체는 가뭄과 홍수를 연달아 겪었고, 모잠비크와 필리핀에 있는 생태마을도 허리케인에 피해를 입었습니다. 카메룬에 위치한 생태마을은 내전으로 말할 수 없는 고통을 겪고 있죠. 몇 년 전 제가 진행한 교육 프로그램에 참여했던 사람들이 살해당하거나 숲속으로 도망쳤습니다.

친구이자 가족과 같은 이들이 겪는 이런 혹독한 상황은 저를 굉장히 고통스럽게 합니다. 하지만 이것이 현실이죠. 이것이 실체입니다. 세상은 결코 쉬운 곳이 아니에요. 가까운 미래에 대해 생각해보면, 우리 앞에 놓인 문제를 해결하는 일은 분명 쉽지 않을 것입니다. 자연은 균형을 잃었고 그에 대한 반응이 점차 뚜렷하게 나타날 거예요. 이것이 바로 기후 위기입니다.

동시에 조애나 메이시Joanna Macy(생태 철학자로 불교, 심층 생태학, 시스템 사고를 연구했다. 이를 바탕으로 평화·정의·생태를 이야기하고, 사회적 행동으로 이끌어냈다. 조애나는 오늘날의 위기가 본래 연결된 사람과 사회, 자연을 구분한 것에서 비롯되었다고 강조하며, 이를 극복하기 위해 '재연결 작업' 운동을 펼쳤다)가 말하듯, 지금 이 시대는 놀라운 시기이기도 합니다. 우리는 모두 이 시기를 겪어나가는 지구의 일부입니다. 조애나 메이시가 말한 '대전환The Great Turn-ing을 지구에서 일으킬 수 있는 시기'입니다. 다시 말해 지구에서 지금 벌어지는 대재앙에만 초점을 두어 무감각해지거나 낙담하지 말고, 상황을 똑바로 직면하면서 지구 생명을 위한 행동에 동참해야 한다는 거죠.

우리는 오히려 위기의 시대에 내 삶에서 가장 가치 있는 것, 내가 이 세상과 지구에 줄 수 있는 가장 좋은 것이 무엇인지 절박하게 생각하게 됩니다. 그래서 지금 많은 사람들이 깨어나고 있는 거죠.

우리는 다시 오래된 부족과 토착민들의 지혜를 구하고 이를 바탕으로 아름다운 혁신을 일으킬 수 있어요. 오늘날은 엄청난 절망의 시기이지만 동시에 위대한 가능성의 시기이기도 합니다. 지금 여러분이 서 있는 그 자리에서 시작해보길 바랍니다. 우리가 깊은 내면의 중심에 머문다면 그 속에서 더 높은 차원의 삶의 목적과 연결되고, 우리 안에 있는 사랑과 연결될 거예요. 그러고 나서 우리는 우리 내면의 나침반이 가리키는 길을 따라가면 됩니다.

개인마다 길은 다릅니다. 당신은 유일무이한 존재이기 때문에 당신만의 길이 있을 거예요. 저는 제 내적 만족감이 세계 생태마을과 연결되어 있음을 느낍니다. 생태마을에서 길을 찾은 저는 연민을 잃지 않고 어떤 일이 제 삶에 찾아오든 간에 가슴을 활짝 열어둘 수 있게 되었습니다.

전 세계 많은 청년들이 거리로 나와 정부와 기업에 기후 위기를 해결하라는 목소리를 냅니다. 이 목소리는 점점 더 커지는 중이죠. 저는 더 많은 청년이 외치기를 바랍니다. 그들이 만들고 싶은 변화와 꿈이 현실로 이어질 수 있어야 한다고 생각합니다.

우인이 말했듯 지금 많은 청년들은 우울합니다. 하지만 당신 혼자만 길을 찾고 있다고 생각하지 마세요. 당신 혼자만 이 세상이 벅차다고 느끼는 것이 아닙니다. 당신 혼자만 미래를 두려워하는 것이 아닙니다. 저는 당신의 보드랍고 여린 가슴, 열정, 지성, 지구의 문제를 해결하고 싶은 마음을 진심으로 응원합니다. 세상 밖에는 당신과 같은 사람이 아주 많습니다. 친구들을 만나 서로의 길을 지지해주고 여러분의 영감을 주변에 퍼뜨려보세요. 저와 젠도 여러분을 지지하겠습니다.

　미래를 향한 가장 큰 꿈을 품어본다면 저는 우리 모두가 생태마을과 같은 지구 공동체를 창조할 수 있기를 바랍니다. 지구 공동체 안에 있는 모든 부분이 다시 살아나고 회복된 상태를 꿈꿉니다. 이런 작은 원들이 서로를 깨어나게 하고 생태마을과 크고 작은 공동체들이 우리 사회를 변화시킵니다. 위에서 아래로, 아래에서 위로 함께 일하며, 파괴되고 고통받는 지구를 다시 살려내는 것입니다. 저는 우리의 지성이 충분히 이것을 해낼 수 있다고 믿어요. 우리는 필요한 모든 것을 이미 갖추고 있어요. 이것을 믿고 계속해나가면 됩니다. 우리는 세상을 바꾸는 아주 작고 미약한 선strand일지도 모릅니다. 하지만 분명 아주 중요하고 빛나는 작은 선입니다.

지구에서 살아가는
고유한 개인들

내면의 두려움을 이겨내며 홀로 꿋꿋이 자신만의 길을 찾아 떠났던 청년 시절 코샤의 이야기를 들으면서 20대 시절의 나를 떠올렸다. 우리는 각각 아프리카와 아시아라는 전혀 다른 세계에서 태어났지만 생태마을에서 꿈을 발견했고 이런 공통된 경험은 깊은 연결감을 갖게 했다. 나아가 그 길 위에서 찾은 꿈을 오랜 시간 동안 지켜내고 자신만의 방식으로 삶에서 실현해나가는 코샤와의 만남은 내게 큰 위로가 되었다.

젠에 관한 코샤의 이야기를 들으며 젠이 말하는 생태마을은 내가 생각한 것 이상으로 개인부터 국가에 이르기까지 많은 존재를 품은 개념임을 알게 되었다. 그 중심에는 지속가능성을 넘어 새로운 화두로 떠오른 '재생'이 자리했다. 생태마을은 깨어난 개인, 마을, 도시, 국가가 꿈꾸는, 지금까지와는 전혀 다른 새로운 문명이었다. 어쩌면 생태 사상가이자 지구학자인 토마스 베리Thomas Berry가 말한 새로운 문명, 생태 문명으로 나아가는 가장 작은 단위의 공동체를 의미할 수도 있다고 생각했다.

어느 조직이나 공동체의 목적과 개인의 목적 사이에 갈등이 존재할 것이다. 코샤의 삶의 여정을 바라보면서 이 둘 사이에 우선순위가 있다면, 공동체나 조직에서 '개인의 진정한 깨어남'이 가장 먼저 수반되어야 한다는 생각이 들었다. 개인이 가는 길은 누군가 대신하거나 알려줄 수 없는 고유한 길이기 때문이다. 결국 젠도 깨어난 개인의 진정한 연대를 말한다.

생태마을과 여성성이라는 주제에 관해 코샤와 이야기를 나누며 그가 말하는 여성성에 관해 오랫동안 생각했다. 그가 하는 이야기의 표면만 보면 나는 여성이지만 아이를 낳아본 경험이 없기 때문에 여성성을 온전히 이해할 수 없다는 이야기로 들릴 수도 있다. 하지만 이것은 이야기의 본질이 아니다.

융학파 정신분석가이자 역사학자인 앤 베어링Anne Baring은 전 세계가 4000년 동안 남성 원형masculine archetype에 사로잡혀 있었기 때문에 지금 우리가 사는 이 세계는 남성 원형과 여성 원형feminine archetype이 불균형하다고 말한다. 여성 원형은 현 시대를 살아가는 사람들의 세계관과 아주 많이 다른데, 특히 '생명'을 바라보는 지점이 그렇다.

앤은 여성 원형의 가장 큰 특징으로 '우리는 신성한 지구에 살고 있다는 것, 사람의 삶은 신성한 우주 질서와 함께한다는 것, 사람의 역할은 생명과 이 지구를 돌보는 것'을 꼽는다. 여성 원형의 눈으로 본 세계 속에서 모든 생명은 신성하고, 신성한 존재이기에 우리는 생명을 지닌다. 그러나 우리가 생명의 신성함을 남용한다면 그것은 곧바로 세계를 살아가는 다른 창조물에 영향을 미치게 된다.

앤은 평생에 걸쳐 이 오래된 세계관이 왜 현대 사회를 살아가는 사람들에게는 낯설게 들리는지 그 이유를 연구했다. 그는 역사적 사료의 왜곡된 부분을 하나하나 들여다보며 진실에 다가갔다. 앤에 따르면 여성 원형은 아주 오랜 시간 동안 남성 원형에 사로잡힌 세계 속에 잠들어 있었다. 그러다 지구와 생명에 위기가 닥친 지금, 많은 사람들의 가슴 속에서 기지개를 켜는 중이라고 한다.

코샤가 말하는 여성성도 앤이 말하는 여성 원형의 특성과 닮아 보였다. 여성성은 남성과 여성이라는 생물학적 성을 떠나 모든 사람 속에 있는 특성이다. 이것은 직관적이고 감각적이며 자연과 생명을 보듬는 마음과 닮아 있다. 하지만 우리 내면의 이런 특성은 사회 문화적인 구조 속에서 무시되었고, 여성성을 많이 표출하는 사람은 비난의 대상이 되거나 약한 사람으로 여겨졌다. 그래서 사람들은 이를 철저히 가리고 숨기기 위해 노력했다. 코샤는 여성성의 결핍이 더 넓은 의미에서 지구를 파괴적으로 몰고 갔다고 여겼다. 그래서 그도 자신의 일과 일상 속에서 우리가 잃어버린 여성성을 되살리고자 노력했다. 그동안 생태마을에서 만난 사람들이 여성성을 왜 귀하게 여겼던 것인지 새삼스레 이해할 수 있었다.

코샤의 이야기를 통해 내가 한국 공동체 마을에서 그토록 힘들었던 이유를 깨달았다. 한국의 모든 공동체를 일반화시킬 수는 없지만, 적어도 내가 경험한 공동체 마을들은 어떤 당위성이나 공동체의 목표를 우선하는 경우가 많았다. 그리고 이를 위해 개인의 삶이 희생되는 것을 미덕으로 여겼다. 목표 지향적인 남성성이 가득한 곳에서는 큰 목소리를 따라가기 쉽다. 나 역시 그 안에서 내 몸의 감각과 가슴 속에서 느껴지는 보드랍고 작은 소리에 귀 기울이지 못했다. 나는 결국 내면의 균형을 잃고만 것이다.

진정한 생태적인 삶으로의 변화는 어떤 당위성이나 신념 등 머리에서만 오는 것이 아니라, 가슴의 소리를 따라 내면의 깊은 사랑과 연결될 때 더 큰 힘을 발휘할 수 있다는 것을 배웠다. 내 안의 남성성과 여성성이 조화로운 길을 찾아가면 그 길 속에서 지금까지 만나보지 못한 또 다른 나를 만날 것이라는 생각이 들었다.

우리가 함께 나눈 이야기는 기후 위기, 생태계 파괴, 젠더 문제 등의 거대 담론이었지만 실제 현실에서 코샤나 나라는 개인은 아주 작고 미약한 선이다. 하지만 코샤는 작고 미약한 선이 온전하게 깨어난다면, 이 깨어난 존재들이 대전환을 일으킬 수 있다고 얘기했다. 우리는 작은 선이지만 연결되면 지구라는 큰 원을 이루기 때문이다.

지금 이 고통받는 지구를 위해, 지구 속에 사는 우리를 위해, 나를 위해, 내가 갈 수 있는 가장 최선의 길은 '온전한 내'가 되는 것이다. 작고 빛나는 선으로 이 세상을 살아가는 것이다. 일상 속에서 작고 빛나는 무수한 선들과 연결되는 것, 그것을 온 마음과 온몸으로 감각하며 살아가는 것이 대전환의 작은 시작이 될 수 있다고 느꼈다.

코샤를 만나고 돌아오는 길, 핀드혼 바닷가를 따라 걸었다. 핀드혼 바다는 그동안 애쓰고 고군분투하며 살아온 나라는 아주 작은 생명을 넓디넓은 품으로 안아주는 것만 같았다. 여름 햇살이 반짝이는 바다를 바라보며, 지구 위 생명과 그 생명을 아끼는 작은 개인들을 기꺼이 지지하고 위로하는 어른이 되고 싶다는 꿈을 꾸었다.

코샤 쥬베르트

Kosha Joubert

남아프리카공화국에서 극심한 인종 차별 정책과 제도가 있던 시절 자라나 인종 차별 반대 운동에 참여했다.

조직 개발로 석사 학위를 받고, 지속가능한 개발, 교육, 문화 간 커뮤니케이션 영역에서 유능한 국제 퍼실리테이터, 작가, 코치, 컨설턴트로 활발히 활동했다.

생태마을디자인교육 커리큘럼을 개발하고 지속가능성을 위한 교육의 선두에 서 있는 가이아 에듀케이션을 공동 창립했다. 2011년부터 2020년까지 세계생태마을네트워크 대표로 활동했고, 현재 집단 트라우마를 치유하는 포켓 프로젝트Pocket Project 의 대표를 맡고 있다.

2016년 일상과 일터에서 영성을 실천하며 세상을 변화로 이끄는 100인의 여성에게 주는 다디 잔키 상을 수상했다. 2021년 세계유기농업운동연맹IFOAM이 주관하고 독일 유기농 가공식품 기업인 라푼젤Rapunzel이 주최하는 국제유기농업상One World Award을 받았다.

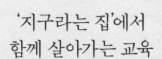

'지구라는 집'에서
함께 살아가는 교육

평화·환경 운동가, 슈마허대학 설립자

사티시 쿠마르
Satish Kumar

＊

사티시 쿠마르와
함께한 일주일

예년과 달리 갑자기 찾아온 여름 불볕더위가 막 가신 런던의 새벽녘, 나는 데본 지방으로 가기 위해 기차에 올랐다. 슈마허대학Schumacher College에서 사티시 쿠마르Satish Kumar를 만나기 위해서였다. 나는 10년 전 처음 그의 강연을 들었다.

"50년 전만 하더라도, 뉴에이지 운동이 차용한 '마음mind, 몸body, 영혼spirit'이라는 세 가지 정신은 많은 사람들에게 영감을 주었습니다. 당시 서구 과학자들은 마음이 머리에 있다고 생각했고 이것을 무시했습니다.

몸은 더욱 등한시되었습니다. 사람의 육체를 그저 배고픈 덩어리로만 봤죠. 영혼은 말할 것도 없습니다.

과학자들에 맞서 마음과 몸과 영혼의 중요성을 이야기한 사람들은 분명 가치 있는 활동을 했습니다. 다만 이제는 세 정신에 대한 언급도 구시대적인 발상이 되었습니다. 왜냐면 사람의 마음, 사람의 몸, 사람의 영혼에 대해서만 이야기하기 때문이죠. 사람은 자연과 더불어 사는 존재입니다. 우리는 이제 인간중심적인 세계관에서 벗어나 새롭고 신선한 정신을 맞이할 때입니다. 지금 우리에게는 어떤 정신이 필요한 것일까요?"

그의 눈은 아이처럼 반짝였고, 입에서는 지혜가 흘러나왔다. 아주 짧은 만남이었지만 당시 사티시의 강연은 나 자신과 세상을 바라보는 관점을 변화시켰다.

사티시 쿠마르는 인도에서 태어나 어린 시절 아버지를 잃고, 청소년 시절을 자이나교 승려로 살았다. 간디의 비폭력 운동에 영향을 받은 그는 세상으로 들어가 비노바 바베 Vinoba Bhabe와 함께 인도 전역을 찾아다니며 토지 개혁 운동에 참여했다. 이후 빈손으로 유럽부터 아프리카까지 1만 2천 킬로미터에 달하는 거리를 걸으며, 핵무기를 보유한 국가에 핵무기 폐기를 요청하는 평화의 메시지를 전달했다.

순례를 마친 그는 영국 하트랜드에 정착해 작은 학교를 세우고 마을 전체가 학교라는 생각을 품었다. 또한 생태 잡지 〈리서전스Resurgence〉 편집장을 지내며, E. F. 슈마허Ernst Friedrich Schumacher의 영향을 받아 슈마허대학을 설립하고 운영했다.

나는 첫 강연을 들었던 그때로부터 10년이 지난 2019년, 사티시를 만나기 위해 슈마허대학을 찾았다. 그곳에서 사티시, 그의 아내 준, 전 세계에서 그를 찾아온 학생들과 일주일을 보냈다. 이곳에 온 모든 사람은 성별이나 직업의 구분 없이 같은 일과를 지낸다.

아침에 일어나 명상을 한 뒤 밥을 먹고 농장과 부엌, 정원 등을 찾아가 일한다. 일이 끝나면 모두 숲속에 둘러앉아 사티시와 이야기를 나눈다. 사람들은 그에게 진로, 인공지능, 4차 산업, 젠더, 연애, 자녀, 화장품 산업 등 미리 짐작조차 할 수 없는 주제로 질문을 쏟아냈지만, 여든이 넘은 스승은 모든 질문에 차별을 두지 않고 온화한 미소를 띠며 명쾌한 답을 들려주었다. 그는 대단한 이야기꾼이고 교사였다.

어느 날은 자연이야말로 시대를 뛰어넘은 가장 훌륭한 스승이라며, 자신이 순례를 떠났던 다트무어의 국립공원으로 우리를 데려 갔다. 우리는 그와 온종일 자연 속을 거닐었다. 사티시는 현재 슈마허대학에서 조금 떨어진 곳에서 아내와 함께 수천 평에 달하는 땅에 농사를 짓고 있었다. 지난해 사과 농사가 잘되어 사과 주스를 많이 짰다고 이야기하는 대목에서는 기쁨을 감추지 못했다.

그러고는 전 세계에서 행해지는 디지털 기반의 교육은 아이들을 빈 상자처럼 여겨, 그 속에 지식만을 분별없이 쏟아붓는다고 했다. 사티시는 이런 교육 방식이 많은 생물을 멸종시킨 지금의 문명처럼, 아이들 속에 있는 다양하고 섬세한 감각, 감정, 창의성, 상상력을 고갈시킬 위험이 있다고 우려했다. 현재 시스템은 아이들이 온유한 마음과 친절함을 배울 수 없게 하고, 나아가 손과 발, 가슴을 통해 자연이라는 훌륭한 스승에게 배울 수 있는 기회 역시 앗아간다는 것이다. 그는 교육의 장에서 아이들이 자연으로부터 배움이 가능한지 아닌지의 여부가 매우 중대한 문제라며 목소리에 힘을 주었다.

떠나는 날 아침, 나는 사티시와 인터뷰를 했다. 실은 사티시를 찾아간 이유는 내가 만나는 학생들 때문이었다. 학생들은 이 할아버지의 글을 꽤나 좋아했다. 나는 수업 시간에 여행에서 알게 된 사람들의 글을 영어 원문으로 학생들과 함께 읽곤 했다. 이때 가장 인기가 있던 글이 시애틀 추장의 편지와 사티시 쿠마르의 글이었다.

두 글의 공통점은 글쓴이가 서양인이 아니라는 점 그리고 많은 사람들이 이해할 수 있도록 쉽고 평범한 영어로 깊은 지혜를 전한다는 점이었다. 한 학생의 표현을 빌리면 그들의 글에는 외국어를 넘어서는 어떤 '혼'이 배어 있었다. 실제로 내가 만난 사티시는 글처럼 소박하고, 유쾌하고, 우아한 사람이었다. 그는 한없이 부드러웠고 한없이 강했다. 곁에 있으면 지혜롭고 친절한 노인을 만난 것처럼 따사로웠다.

사티시는 생태마을에 살진 않았지만, 그의 철학과 삶 자체는 생태적인 삶을 꿈꾸고 실천하는 전 세계 사람들에게 정신적인 버팀목이 되어주었다. 그는 실제 생태마을 사람들과도 긴밀하게 연결되어 있었다. 사티시는 아시아에 정신적 뿌리를 둔 사람이지만 유럽 사회로 들어가 자신의 철학을 삶으로 펼쳐낸 사람이었다. 주로 유럽의 생태마을이라는 한정적인 경험을 지녔던 나는 그에게서 보편적인 언어로 생태마을과 이콜로지ecology에 대한 이야기를 듣고 싶었다. 나는 이콜로지, 교육, 청년을 주제로 질문을 간추려 고요한 이른 아침 작은 방에서 사티시와 이야기를 나눴다.

이콜로지,
지구를 집처럼 돌보는 일

저는 여러 생태마을을 여행하며 생태마을이 이 시대 중요한 가치를 품고 있다는 것을 배웠습니다. 또 그들이 자신들의 가치를 세상에 펼쳐내고 있다는 사실을 알게 되었고, 저도 같은 길을 걸어가고 싶다는 꿈을 품었습니다. 슈마허대학은 생태마을이라 불리지는 않지만 생태마을의 철학과 닮은 부분이 많다고 생각합니다. 사티시, 지금 지구 생태계 전반에 걸쳐 여러 문제가 일어나고 있습니다. 슈마허대학은 생태와 관련된 어떤 교육을 하고 있나요?

≈≈≈

당신이 알고 있듯 슈마허대학은 생태마을이기보다 생태

공동체eco community에 가깝습니다. 이곳에서 우리는 생태적 가치ecological value, 생태적 비전ecological vision, 생태적인 패러다임ecological paradigm, 생태적 세계관ecological world-view을 이론과 실천, 그리고 머리, 가슴, 손을 통해 배워나갑니다. 우리는 이콜로지를 실제로 느껴보는 걸 중요하게 생각합니다. 이것이 바로 심층 생태학입니다. 이콜로지를 느낀다는 것은 자연 세계를 지성, 감정, 직관을 통해 가슴으로도 만나는 것입니다.

우리는 또한 이콜로지를 실천합니다. 나무를 심고 채소를 기르며 단순하고 소박하게 생활합니다. 식품이 생산자에게서 소비자에게로 수송되는 데 드는 거리와 연료, 즉 푸드 마일food mile을 줄이고 자급자족을 실천합니다. 여기서 기른 채소와 과일로 채식 위주의 밥을 먹습니다. 슈마허대학은 생태적 세계관, 생태적 패러다임을 공유하는 생태 공동체라 볼 수 있죠. 이곳의 삶, 철학, 일, 배움의 모든 중심에는 이콜로지가 있습니다.

선생님께서 말씀하신 이콜로지는 생물 과학 분야에서 말하는 생태학만을 의미하는 것은 아니라고 봅니다. 슈마

허대학에서 말하는 이콜로지가 어떤 의미인지 말씀해주시
겠어요?

≈≈≈

'에코eco'라는 낱말은 '집'을 의미하는 그리스어 '오이코
스oikos'에서 유래합니다. 우리는 슈마허대학을 집으로 만
듭니다. 일주일이든 또는 그 이상이든 슈마허대학에 찾아오
는 사람들이 이곳을 집처럼 여기길 바랍니다. 실제 사람들
은 이곳에서 집처럼 아늑한 분위기를 느낍니다. 왜냐면 이곳
에서 하는 모든 일이 집에서 하는 일과 똑같기 때문이죠. 교
사, 학생, 손님 할 것 없이 요리하고, 청소하고, 빨래하고, 텃
밭을 가꾸고, 명상하고, 자연 속에서 걷습니다. 이런 경험은
우리의 지성과 감성과 신체가 편안한 집에 있다고 느끼도록
해주죠.

저는 슈마허대학만이 집이라고 생각하지 않습니다. 사
실 지구 전체가 우리의 집이죠. 'ecology'에서 '-logy'는 '로
고스logos'에서 나온 말로 '지식'을 뜻합니다. 이콜로지는 집
에 관한 지식입니다. 우리 식구인 하늘을 나는 새, 숲에서 사
는 호랑이, 코끼리, 사슴, 뱀, 벌, 나비 등 모든 살아 있는 생명
은 지구라는 집에 함께 사는 구성원입니다.

여러분이 집에 있을 때를 떠올려보세요. 우리는 집을 돌

봅니다. 다른 사람이 집을 돌보는 책임을 지고 있다면, 당신은 당신의 집에 있는 것이 아닙니다. 집을 돌보는 것은 당신의 책임입니다. 이 지구가 당신의 집이라고 여긴다면, 지구를 돌보는 일은 당신의 책임이라 여길 것입니다. 집에서 우리는 부모, 아이, 형제자매, 손님을 돌봅니다. 이렇듯 지구 전체를 집처럼 돌보는 것, 이것이 이콜로지입니다.

이콜로지는 지구에 사는 어떤 하나의 종種, species을 깊게 파고들어 연구하는 학문이 아닙니다. 많은 대학에서는 지금 그렇게 하고 있습니다. 한 종을 깊이 연구하는 것을 두고 이콜로지, 다르게 표현해 생태학이라고 부르는 것은 굉장히 좁은 범위에서 그 의미를 이해하는 것입니다. 이콜로지는 어떻게 서로 다른 종이 지구에서 조화롭게 살지, 어떻게 함께 연결되어 관계를 맺고 살아갈지 공부하는 것입니다. 이콜로지는 기존의 생태학적인 배움보다 더 심층적이고 더 근본적인 개념입니다.

당신이 집에 있을 때, 당신과 함께 사는 생명은 고유한 가치intrinsic value를 지닙니다. 이 말은 당신과 동등한 가치equal value를 지닌다는 뜻입니다. 그래서 사람의 권리도 중요하지만 자연의 권리 또한 중요합니다. 호랑이, 코끼리, 사슴, 뱀, 지렁이, 벌, 나비 등등 모두가 살아갈 권리가 있습니다. 이것이 바로 동등한 가치입니다.

집에서는 자녀를 보호하기 위해 부모를 죽이고, 청년을 보호하기 위해 노인을 죽이는 차별은 일어나지 않습니다. 우리의 집인 지구에서도 그런 차별이 일어나서는 안 됩니다. 그러나 사람은 자신의 이익을 위해 코끼리와 기린을 죽입니다. 자연의 가치를 사람에게 유용한 기준으로 평가해서도 안 됩니다. 자연도 고유한 가치를 지니고 있습니다. 이것이 바로 이콜로지입니다.

자연의 고유한 가치를 인식한다면 여러분은 자연의 권리를 존중하고 자연으로부터 꼭 필요한 것만을 얻으려고 하겠지요. 자연으로부터 무한정 얻기만을 바라는 태도는 쓰레기로 집을 채우는 것과 같습니다. 어느 누구도 집을 쓰레기통으로 만들고 싶어 하는 사람은 없습니다. 우리는 이콜로지를 가슴으로도 느낄 수 있어야 합니다. 이콜로지를 가슴으로 느낀다는 건, 바로 이 지구 전체를 우리가 돌봐야 하는 곳으로 여기는 감각입니다.

※

현실주의 vs 이상주의

이콜로지는 머리로 이해하는 것이 아니라 가슴으로 느껴야 한다는 말씀이 가슴 깊이 다가오네요. 현재 생태마을이나 슈마허대학에서 진행하는 많은 프로그램이 선생님의 말씀을 구체화한 교육이라는 생각이 듭니다.

생태 공동체로서 슈마허대학은 오늘날 중요한 가치를 지닌 곳이라고 생각합니다. 하지만 많은 이들은 선생님께서 하고 계신 이야기나 이곳을 이상적이라 말할 것입니다. 특히 경쟁이 극심한 사회 속에 사는 사람, 삶을 전쟁터처럼 여기는 사람에게 이곳은 연약하고 작게 느껴질 수 있습니다. 선생님은 이에 대해 어떻게 생각하시는지 듣고 싶습니다.

≋

　이콜로지에 머무는 상태를 이상적idealistic이라고 말하는 사람들은 자신을 굉장히 현실적realistic인 사람이라고 여길 것입니다. 하지만 이들이 현실적인 사람이 되기 위해 한 노력과 행동은 어떤 결과를 가져왔나요? 바로 기후 위기, 쓰레기와 플라스틱이 넘치는 바다, 화학 물질로 파괴된 땅, 생물다양성이 사라진 자연입니다. 모두 현실주의와 현실적인 생각들이 가져온 결과입니다. 이런 현실주의는 분명 좋지 않다고 생각합니다.

　저는 이상적인 것이 훨씬 낫다고 생각합니다. 지구를 우리 집으로 생각하는 이상주의자들이 훨씬 더 낫습니다. 이들은 지구의 바다, 숲, 강을 보호받아야 할 곳으로 여깁니다. 지금 같은 시대일수록 이상은 아주 중요합니다.

　현실주의자들은 지구를 오염시키고 지구 온난화 같은 기후 위기를 일으켰습니다. 세계 전체 인구의 1퍼센트가 인구 절반의 부를 갖고 있습니다. 정말 이것이 현실주의라면, 이는 결코 좋은 현실주의가 아닙니다. 지금 이 시대에 우리는 이상주의자가 되어야 합니다. 모든 사람은 동등하고 공평한 권리를 누릴 수 있어야 합니다. 모든 사람은 기본적인 집, 음식, 옷, 교육, 의약품을 누릴 수 있어야 합니다. 현실주의는 사람뿐만 아니라 지구 전체에도 도움이 되지 않습니다. 현실주의는 더는 유효하지 않은 사고방식입니다.

가장 큰 문제

앞서 우리가 겪고 있는 여러 가지 문제를 말씀해주셨는데요, 그중에서도 현대 사회의 가장 큰 문제는 무엇이라고 보시나요?

≋

지금 우리가 겪는 가장 큰 문제는 '사람과 자연이 분리되었다'는 태도와 생각입니다. 우리는 산, 강, 바다, 나무, 동물과 같은 자연을 나와 떨어져서 저기 밖에 있는 어떤 것으로 생각합니다. 자연과 사람이 분리되었다는 생각과 태도는 우리가 자연의 비밀을 훔칠 수 있고, 자연을 착취할 수 있고, 사람에게 이익이 되는 기준으로 자연을 가치 판단할 수 있다는 생각으로 이어집니다. 강과 땅의 오염, 자원 고갈, 인구 폭발, 산업주의, 소비주의, 물질주의 등등 현대 사회의 거의 모든 문제가 이러한 태도와 생각에서 나왔습니다.

제가 늘 품고 있는 큰 희망은 우리가 다시 지구를 우리의 집으로 여기는 것입니다. 우리가 자연에 행하는 모든 일은 바로 나 자신에게 하는 것과 같습니다. 우리 인간은 땅이고, 공기이고, 물이고, 불이고, 흙입니다. 이제 분리를 끝내고 생명의 통합성unity of life을 향해 앞으로 나아가야 할 때입니다.

생명의 통합성이라는 말씀을 들으니 슈마허대학에서 가르치는, 지구 전체를 하나의 유기체로 보는 '가이아 이론Gaia Hypothesis'이 떠올랐습니다. 선생님 친구이기도 한 제임스 러브록James Lovelock이 말하는 가이아 이론에 대해 소개해주시겠어요?

≋≋≋

'가이아Gaia'는 그리스어로 '지구'를 의미합니다. 지질학Geology, 지리학Geography, 기하학Geometry, 지정학Geopolitics 등의 낱말들은 모두 '가이아'에서 파생되었습니다. 가이아 이론은 지구에 관한 이론입니다.

70~80년 전만 하더라도 과학자들은 지구를 죽은 바윗덩어리라고 생각했습니다. 지구 표면에는 생명이 살지만, 그 외 지구 자체는 생명이 없는 바윗덩어리로 본 것입니다. 과학자 제임스 러브록과 린 마굴리스Lynn Margulis는 지구를 관찰하며 어떻게 죽은 바위 표면 위에서 생명이 살아갈 수 있는지 의문을 품습니다. 그리고 이것은 가능하지 않다는 결론을 내리지요.

그들은 끊임없이 지구를 관찰하고 과학 실험을 시도했습니다. 그 과정 속에서 지구가 기온과 기후를 조절하며 식물의 생장을 돕고 생명을 지속한다는 사실을 알게 되었죠. 그들은 결국 지구 자체가 살아 있는 생명체라는 결론을 내립니다. 동시에 이렇게 스스로를 돌보고 균형을 유지하는 지구가 매우 똑똑하다고 여겼습니다. 기존의 과학자들과는 다른 견해를 주장한 거지요.

새로운 과학인 가이아 이론에서는 지구 자체를 살아 있는 유기체로 봅니다. 그러므로 우리는 지구를 죽이는 행동을 하면 안 된다는 결론에 이르죠. 만약 우리가 지구를 죽인다면, 결국 우리도 죽기 때문입니다. 지구를 사람의 몸이라고 생각한다면 사람은 하나의 장기에 해당합니다. 그런데 생명은 분리되어 있지 않습니다. 내가 살아 있는데 내 심장이 멈춰 있거나 손만 죽었다는 말은 성립할 수 없습니다. 우리는 하나입니다. 내 손이나 심장은 나의 일부이니까요. 나는 지구의 손가락이고 머리카락이며 지구에 꼭 필요한 구성 요소입니다. 지구를 살아 있는 유기체로 보는 것, 지구를 하나의 통합된 생명체로 인식하는 것, 이것이 가이아 이론의 핵심입니다.

＊

교육은 내면의 빛을 깨우고

저는 지금 한국의 작은 학교에서 학생들을 만나고 있습니다. 저 또한 생태마을에서 배운 것을 실제 교육 현장에서 펼쳐내고 싶은 꿈이 있지만, 일을 하다 보면 교육의 본질에 대해 놓치기 십상입니다. 그리고 한국의 교육 현장은 슈마허대학과 전혀 다른 형태로, 경쟁과 입시 중심의 교육으로 치닫습니다. 선생님께서 생각하는 교육이란 무엇인지 그 이야기를 듣고 싶습니다.

≈≈≈

'교육education'은 '에듀케어educare'라는 라틴어에서 왔고, '밖으로 꺼낸다'라는 뜻을 갖고 있습니다. 교육은 정보를 집어넣는 행위가 아니라, 배우는 사람 안에 무엇이 있는지 찾는 행위입니다. 작은 씨앗에서 나무가 나오는 것처럼 진짜 지식은 당신의 상상력, 창조력, 의식에서 나옵니다. 교육은 이미 우리 안에 존재하는 이것을 밖으로 꺼내주는 도구입니다.

비유를 들자면, 밖에서 들어오는 정보는 성냥으로 촛불을 켜는 일인 셈이죠. 하지만 빛은 이미 초 안에 있습니다. 저는 지식이라는 것도 여러분의 의식 속에 이미 있다고 봅니다. 우리가 가슴과 정신을 활짝 열고, 상상하고, 생각하고, 창조하고, 실천한다면 지식은 자연스럽게 당신에게서 나옵니다. 제가 여기서 말하는 지식은 내면의 지식, 내면의 지혜, 내면의 구루, 내면의 스승을 말합니다.

씨앗은 나무의 근원입니다. 씨앗은 태양, 비, 토양과 같은 밖에서 들어오는 정보의 도움을 받아 세상 밖으로 나옵니다. 하지만 생명의 에너지는 이미 씨앗 안에 존재하죠. 교사는 태양이고, 비고, 흙입니다. 우리는 학생들을 밖에서 도와주고 지지하는 역할만 하면 됩니다. 교사는 학교의 교사일 수도 있고, 자연과 마을에서 만나는 누구나가 교사일 수 있습니다. 교육은 우리 안에 이미 존재하는 지혜를 밖으로 꺼낼 수 있도록 돕는 역할을 할 뿐입니다. 가장 중요한 것은 이미 우리 안에 있다는 사실을 잊지 마세요.

선생님께서는 지구를 하나의 유기체로 인식하는 것처럼, 하나의 사건과 사물을 볼 때도 전일적 사고를 할 수 있어야 한다고 강조하셨습니다. 교육에 있어서도 학생들이 전일적 사고를 키워갈 수 있도록 학교가 예술, 학문, 영성을 통합시켜야 한다고 말씀하셨고요. 이에 대한 이야기도 듣고 싶습니다.

≈≈≈

슈마허대학은 사람과 자연을 분리할 수 없듯이, 어떤 학문도 분리되어 있지 않다고 봅니다. 우리가 공부하는 이콜로지는 그런 전일적 인식을 바탕으로 합니다. 슈마허대학은 생태 공동체고, 생태마을이며, 생태 대학이기도 합니다. 생태 대학은 모든 것이 서로 연결되는 곳입니다. 과학, 예술, 경제, 인류학, 문학, 정치와 같은 것들은 마치 손가락처럼 하나로 연결되어 있습니다. 다섯 개의 손가락은 상호작용하면서 함께 일합니다. 우리가 테이블 위에 놓인 컵을 들어올릴 때 다섯 손가락이 함께 움직이는 것처럼, 모든 학문 분야는 다섯 개의 손가락과 같습니다.

우리는 이곳에서 과학, 영성, 예술, 경제, 정치, 심리학을 공부합니다. 이것을 간학제적interdiscipline, 다학제적multidiscipline, 초학제적trans-discipline이라고도 부르는데, 그 근본에는 모든 학문이 연결되어 있다는 인식이 깔려 있습니다.

인간의 몸을 공부할 때도 마찬가지입니다. 우리는 정신을 이해하기 위해 심리학을 공부하고, 몸을 이해하기 위해 과학과 경제학을 공부하고 우리의 느낌, 영성, 영감을 이해하기 위해 예술을 공부해야 합니다. 왜 모든 대학들이 이것을 분리하는지 모르겠습니다. 이 모든 것을 함께 연결해서 공부하는 것이 진짜 공부라고 생각합니다.

선생님께서는 늘 당신의 어머니가 가장 좋은 스승이었다고 말씀하시곤 했습니다. 선생님의 어머니에 대한 이야기를 들려주실 수 있을까요?

≋

어머니는 제 인생 최고의 스승이셨습니다. 그녀는 제게 무한한 지혜, 생각할 수 있는 능력, 경험할 용기를 주셨어요. 어머니는 지식이나 정보가 지혜를 가져다준다고 생각하지 않으셨습니다. 지혜는 경험에서 나온다고 생각하셨기 때문에 항상 "무엇을 해보고 싶다면, 무엇을 배우고 싶다면, 바로 행동하라"고 하셨습니다. 진실한 경험을 통해 배우는 것을 지식을 쌓는 것보다 훨씬 훌륭하게 여기셨습니다.

예를 들어 의자를 만드는 방법에 대한 이론을 알고 있더라도 실제 의자를 만들기 전까지 우리는 그것을 제대로 배웠다고 말할 수 없습니다. 집을 짓기 위해 건축 이론을 배웠더라도 집을 실제 지어보기 전까지 우리는 그 방법을 배울 수 없지요. 현대 사회에서는 집을 짓는 사람과 집을 설계하는 사람이 분리되어 있습니다. 이런 방식은 실용적일지는 몰라도 이들이 지은 집 안에는 혼, 정신이 없습니다.

"경험을 통해 삶을 배워라." 저의 스승인 어머니가 제게 주신 가장 큰 가르침입니다.

※

문제와 어려움을 환영하기

선생님은 이콜로지 교육을 통해 한 개인이 나아가야 할 궁극적인 모습으로 '생태적 자아ecological self'를 말씀하시는 것 같은데요. 어떤 뜻인지 설명을 듣고 싶습니다.

≋≋

우리는 생태계 일부이며, 우리 몸도 생태계처럼 구성되어 있습니다. 우리는 흙, 공기, 물, 불로 이루어진 존재입니다. 우리가 밖으로 보낸 탄소를 나무가 가져가고, 나무는 산소를 내보냅니다. 이런 방식으로 우리는 나무에 의존해서 살아갑니다. 나 자신은 나무 없이 존재할 수 없습니다. 우리가 먹는 음식은 흙에서 나왔습니다. 사과, 자두, 바나나처럼 우리가 먹는 음식은 흙이 다른 형태로 변형된 것입니다. 결국 흙이 나를 만듭니다. 우리는 이렇게 생태적인 존재들로 구성되어 있습니다.

생태적인 존재로 자신을 이해하기 시작하면 의식이 확장됩니다. '나는 의식이다. 나는 정신이다. 나는 흙이며 공기이고 물이며 불이다. 나는 태양이고, 달이고, 별이다. 나는 소우주고 대우주다'라고 말이죠. 의식과 정신 그리고 마음을 확장하며 우리는 드넓은 존재가 됩니다. 내 몸의 일부인 손, 발, 귀, 눈에 대해 인식할 때도 이것이 소우주, 대우주의 축소판임을 알게 될 것입니다. 나를 온전히 의식하는 것, 이것이 바로 자아실현self-realization입니다.

자아실현은 흔히 말하는 성공이나 직업적 성취가 아니라 '깨달음의 상태'를 말합니다. 생태적 자아로서의 자신을 인식하고 자아실현을 한다면 우리는 더 이상 분리감, 고립감, 단절감을 느끼지 않게 되고, 홀로 생존하기 위해 다른 이들과 싸우며 고군분투하지 않을 것입니다. 이런 깨달음을 얻기 위해서는 어떻게 해야 할까요?

생태적 자아를 실현하는 한 가지 방법은 명상하고, 상상하는 것입니다. '사람들이 부르는 내 이름만이 나를 말하지 않는다. 한국인만이 나를 말하지 않는다. 내가 받은 교육만이 나를 말하지 않는다. 내 직업이, 내가 나온 대학의 이름이 나를 말하지 않는다. 나는 이런 것들보다 훨씬 위대하고 큰 생태적인 존재다'라고 말입니다. 당신이 이것을 상상하고 당신의 의식을 연 순간, 알 수 없는 어떤 길이 열리게 될 거예요. 마치 방 안 전등의 스위치를 켜는 것과 같은 일이죠. 내면에 존재하는 스위치를 작동시키면 빛이 당신을 비출 것입니다.

말씀하신 것처럼 내면의 스위치를 켜고 싶지만 쉬운 일은 아닌 것 같아요. 청년들이 생태적 자아로 나아갈 수 있는 조금 더 현실적인 방법을 이야기해주실 수 있을까요?

≋

저는 학생들에게 이렇게 말합니다. 회사에 들어가지 마십시오(웃음). 당신만이 할 수 있는 일을 창조하세요. 사람들과 함께 모여 협동조합, 커뮤니티를 만드세요. 하지만 고용인이 되지는 마십시오. 고용인이 된다는 말은 여러분의 상상력과 창의력을 사용할 기회를 놓친다는 뜻입니다. 자신만의 일을 시작하면 어려움이 있을 겁니다. 오르막과 내리막을 경험하겠지요. 하지만 여러분에게 찾아오는 문제와 어려움을 두려워하지 마세요. 저는 여러분이 이 문제와 어려움을 기꺼이 환영하길 바랍니다. 곧 그것을 해결할 기회가 찾아올 테니까요.

모든 것이 당신을 위해 아름답게 차려져 있고 어떤 문제도 없고 당신에게 필요한 돈, 땅, 집, 사람이 다 있다면, 여러분 삶에는 아무런 도전이 없을 것입니다. 당신 스스로 생계를 꾸려가고, 당신만의 프로젝트를 만들고, 사람들을 돕고, 세상에 봉사하려고 한다면, 어려움은 당연히 찾아오기 마련입니다. 어쩌면 문제가 없는 것이 진짜 문제입니다. 기꺼이 문제와 어려움을 환영하세요. 문제나 어려움이 생기면 안 된다고 여기지 마십시오. 나쁘다고 여기지 마세요. 이것은 모두 좋은 것입니다.

여러분 스스로 생계를 꾸리고, 여러분에게 닥친 문제를 해결하려 한다면 용기가 필요합니다. 용기는 가슴에서 나옵니다. 용기를 내고 싶다면 당신의 가슴을 가꿔나가야 합니다. 느낌, 직관, 상상력은 여러분의 가슴에서 나옵니다. 용기와 믿음은 당신이 하고자 하는 일을 계속할 수 있도록 에너지를 줄 것입니다.

돈과 자원이 부족하고 힘든 시간이 찾아와도 도전과 문제를 통해 용기와 믿음을 믿고 나아가세요. 당신 자신을 믿으세요. 분명 어떤 길이 당신 앞에 나타날 것입니다. 용기를 품고 당신의 길을 걸어가세요.

누구나 직업을 갖고 월급을 받는 삶을 살 수도 있지만 그것은 분명 일정하게 당신을 구속할 것입니다. 당신이 상상할 자유, 창조하고 싶은 자유, 정말 하고 싶은 일을 할 자유를 제한할 거예요. 당신의 상사와 회사를 만족시키는 삶을 살지 마세요. 이것은 창의력을 사용하는 것이 아닙니다. 당신의 젊은 시절을 귀중하게 여기세요.

무언가 놀랍고, 훌륭하고, 깊은 만족감을 가져다주는 일을 하고 싶다면 오늘부터 시작해보세요. 자아실현은 스스로 조직하고, 스스로 치유하고, 스스로 동기를 부여하는 것에서 시작됩니다. 이것이 바로 생태적 자아로 나아가는 길입니다. 당신에게 필요한 것은 용기와 믿음뿐입니다. 용기와 믿음으로 나아가세요. 모든 것이 다 괜찮습니다.

한국 청년들에게

사티시, 마지막으로 한국 청년들을 위한 메시지를 남겨주시면 좋겠습니다. 지금 이 시대 많은 청년들은 전 세계에서 벌어지는 여러 문제들을 보며 작은 개인으로서 무력감을 느끼기 쉽습니다. 특히 점점 더 돈과 물질은 넘쳐나지만 정작 자기 앞에 놓인 것은 없다는 사실이 막막합니다. 성인이 되기도 전에 이미 뚜렷하게 보이는, 어찌할 수 없는 빈부격차 속에서 우울한 마음을 떨쳐내지 못하는 청년들도 많습니다. 그렇기 때문에 선생님께서 말씀하시는 생태적 자아나 자아실현이라는 이상을 찾아 삶을 전환하려면 현실에서 대단한 용기가 필요합니다.

저는 생태마을을 탐방하고 여러 나라 청년들과 소통하면서 한국뿐만 아니라 전 세계가 불평등하다는 것을 절감했습니다. 동시에 내가 어떤 가정이나 어떤 국가에서 태어났는지를 떠나, 이러한 불평등을 넘어, 우리가 지금 이 세상에 온 진짜 목적이 있을지도 모른다는 생각이 들었습니다. 사티시, 우리는 어떤 목적을 가지고 살아야 할까요?

≋

저는 한국 청년들에게 이렇게 말하고 싶습니다. 인생의 목적은 사랑하는 것입니다. 물론 이것은 굉장히 커다란 생각처럼 여겨질 것입니다. 왜냐하면 이 사회는 여러분에게 인생의 목표를 성공하고, 돈을 벌고, 좋은 집을 사고, 좋은 아내와 남편을 만나고, 아이를 낳는 것으로 생각하게 만들기 때문입니다. 하지만 이것은 진짜 우리가 세상에 온 목적이 아닙니다. 이런 것들은 삶에서 추가로 따라오는 것입니다. 우리의 진짜 목적은 사랑입니다.

저는 한국 청년이 이렇게 말할 수 있으면 좋겠습니다. "나는 나를 사랑하기 위해, 다른 이들을 사랑하기 위해, 자연을 사랑하기 위해, 우주를 사랑하기 위해 지금 여기에 있습니다"라고 말이죠. 또는 "내가 할 수 있는 아주 작은 일이라도 나는 사랑으로 한다, 사랑을 위해 한다"라고 말이지요.

돈을 위해, 명예를 위해, 에고를 위해 살지 마세요. 지위를 위해, 재산을 위해, 상을 받기 위해 살지 마세요. 사랑으로 학생들을 가르치고, 환자를 만나고, 집을 짓고, 요리하고, 농사 지으세요.

삶의 목적은 단 하나, 사랑입니다. 당신이 이것을 깨닫는 순간 어깨를 누르고 있던 명예, 돈, 권력, 통제, 지위에 대한 갈망이 사라질 것입니다. 이런 것들은 얻으려고 하면 할수록 얻을 수 없고, 항상 부족하다고 느끼게 됩니다. 돈이 있음에도 더 많은 돈을 갈망하고, 계속 어떤 것을 욕망하는 정신 상태가 지속될 뿐이죠.

지금 우리의 교육, 미디어는 우리가 계속 무언가를 갈망하게 만듭니다. 갈망을 부추깁니다. 저는 젊은이들에게 말하고 싶습니다. 이런저런 갈망을 모두 내려놓으세요. 그저 사랑하세요. 사랑은 당신을 자유롭게 할 것입니다. 당신은 자유입니다. 당신이 하고 싶은 모든 것을 자유롭게 하세요. 사랑으로 하십시오. 그러면 모든 것이 당신에게 찾아올 것입니다.

사티시와 긴 이야기를 나누는 동안 정신이 고양되는 느낌을 받았다. 그의 말 속에 담긴 지혜의 빛은 자신의 삶에 찾아온 세상의 어두운 그림자를 끊임없이 뚫고 또 뚫어서 마침내 나온 것임을 느낄 수 있었다.

나는 사티시와 이콜로지, 교육, 청년에 관한 이야기를 하고 있었지만 결국 우리의 이야기 가장 깊은 곳에는 사랑이 있음을 발견했다. 그는 세대, 국가, 젠더, 종교, 이념을 넘어 모든 생명이 바라는 단 하나, 사랑을 말할 뿐이었다. 다만 사티시는 이 시대에 그 사랑이 어디로 흘러가는지, 달을 가리키는 지혜로운 노승처럼 다정히 손을 들어 방향을 짚었다.

아침 모임 시간이 다가왔고 우리는 큰 방으로 돌아갔다. 사람들에게 인사를 하고 다시 길을 떠날 채비를 했다. 사티시는 내가 돌아갈 차편까지 세심히 챙겨주었다. 나는 작별 인사를 나누며 나보다 훨씬 작은 선생님을 꼭 안아드렸다. 그는 내가 책을 쓰고 있다는 이야기를 듣고 직접 축사를 써서 건네주었다. 돌아가는 길에 공책을 펼쳐보니, 그곳에는 수많은 말들 속에서 내가 길을 잃지 않도록, 사티시가 전하는 가장 중요한 메시지가 한 문장으로 오롯이 남아 있었다.

"우인, 우리가 살아가는 목적은 사랑하기 위해서입니다."

사티시 쿠마르

Satish Kumar

인도 출신의 평화 운동가, 환경 운동가, 교육자로 세계 많은 이들에게 영감을 주었다. 열여덟 살에 간디에게 영향을 받아 간디의 제자인 비노바 바베와 함께 인도 전역을 다니며 토지 개혁 운동에 동참했고, 400만 에이커에 이르는 토지를 땅 없는 사람들에게 돌려주었다.

1960년대 냉전 시기, 핵무기 반대 시위를 주도한 평화 운동가 버트런드 러셀에 감명을 받아 무일푼으로 세계를 걸어서 일주하는 '평화의 순례'를 떠났고, 핵무기를 보유한 미국, 모스코바, 런던, 파리에 있는 지도자들에게 '평화의 차'를 전달하기도 했다.

1973년부터 영국 남부의 하트랜드라는 작은 마을에 정착한 뒤 격월간 생태 잡지 〈리서전스〉의 편집장으로 지내며 아이들을 위한 '작은 학교'를 세웠다. 1991년 국제 생태 교육 기관인 슈마허대학을 설립, 운영했다.

영국 플리머스 대학과 랭커스터 대학, 엑스터 대학, 웨일스 대학 등에서 교육과 문학 분야 명예박사 학위를 받았다. 2001년 세계 간디의 비전을 실현하는 잠날랄 바자즈 상Jamnalal Bajaj Award을 받았다. 2014년 옥스팜Oxfam 영국 대사로 임명되었다.

주요 저서로 『그대가 있어 내가 있다』, 『부처와 테러리스트』, 『영혼의 나침반』 등이 있다.

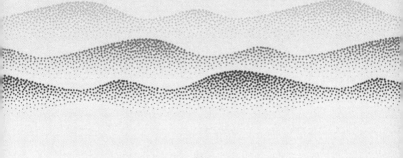

*

서로를 돌보며 성장하는
지역화의 힘

세계생태마을네트워크 대표

헬레나 노르베리 호지
Helena Norberg-Hodge

*

오래된 미래 이후

2010년 여름, 나는 이탈리아 생태마을 다마눌Damanhur에서 열리는 세계생태마을네트워크 유럽지부 콘퍼런스에 참석했다. 그때 '북반구와 남반구의 회복'이라는 주제로 열린 소그룹 토의가 인상적이었다. 북반구는 유럽, 북아메리카를 중심으로 이른바 잘사는 나라들을 통칭했고, 남반구는 아프리카, 남아메리카, 아시아 등 북반구보다 상대적으로 가난한 나라를 가리키는 말이었다. 코샤 쥬베르트를 비롯해 참석한 많은 북반구 지역의 생태마을 사람들은 어떻게 남반구의 생태마을을 지지할 수 있을지 방법을 모색하고 있었다.

당시 생태마을 운동의 흐름은 북반구 생태마을과 같은 새로운 마을을 만들기보다, 기존의 전통마을을 회복하고 또 생태마을로 전환하자는 방향으로 목소리가 높아지고 있었다. 참석자 대부분은 유럽과 미국에서 온 사람들이었지만, 남반구인 세네갈, 남아프리카, 인도 등에서 온 생태마을 대표들도 국가별로 한 명씩 참석했다. 그리고 남반구와 북반구 그 중간 어디쯤에 있는, 한국에서 온 내가 있었다. 한국은 경제적으로는 북반구에 가까웠지만, 생태마을을 기준으로 보면 남반구에 속했다.

세네갈 생태마을 대표는 정부 보조금을 받아 세네갈 여섯 개 지역에 태양열 에너지와 생태 건축을 이용한 마을을 만들고 있다는 소식을 전했다. 남아프리카공화국 이스턴케이프에서 온 여성 루아는 쿨라 다마Khula Dharma 생태마을을 소개했다. 그곳은 유럽인과 아프리카인이 함께 만든 마을로, 퍼머컬쳐를 사용해 땅을 회복하고 자연농법으로 농사를 짓는 마을이었다. 두 사례의 공통점은 아프리카 토속 문화를 살리는 동시에 서구 기술을 받아들여 기존의 마을을 생태마을로 전환했다는 점이었다.

참석자 대부분은 남반구 생태마을 운동에 큰 지지를 보내며 남반구의 정부 기관, 기업, 단체들이 이들을 돕는 구조로 나아가야 한다고 주장했다. 젠은 그 사이에서 어떻게 다리 역할을 할 수 있을지를 고민했고 더불어 서구의 합리주의나 이원성에서 벗어나, 생태마을의 정신적 뿌리를 남반구 나라의 전통과 지혜에서 찾아야 한다는 목소리도 들렸다.

이야기가 어느 정도 정리된 뒤 사람들은 한국의 상황을 내게 물어왔다. 별안간 준비 없이 한국을 대표해서 발언하게 되어 당황할 수밖에 없었다. 막 대학교를 졸업한 상태라 별다른 경험도 없었고, 국내 공동체나 생태마을에 대한 정보도 부족했다. 그래서 나는 내가 잘 아는 마을, 어린 시절에 경험한 작은 시골 마을 이야기를 시작했다.

면 단위의 작은 마을이었다. 학교를 들어가기 전부터 살았던 곳이라 기억이 아스라하지만 친구 부모님 가운데는 농사를 짓는 분이 꽤 많았다. 마을 초가집에는 무당 할머니도 있었고, 길을 걷다 전통 방식으로 상여를 메는 장례 행렬을 본 적도 있다. 어머니는 장에 나가 농부들이 자기 논밭에서 키운 채소를 사오셨다.

결혼식이나 장례식이 있으면 마을 사람들이 모두 그 집으로 찾아갔고, 집주인은 돼지를 잡거나 손수 음식을 차려 대접했다. 많은 사람들은 지금보다 훨씬 더 가난하고 학력도 높지 않았지만, 서로를 아끼며 돕고 살았다. 마을 사람 모두 작은 꼬마인 나를 잘 알았고 내가 어디를 가든 따뜻하게 보살펴주었다.

하지만 이런 풍경은 내가 초등학교에 입학하면서부터 서서히 바뀌었다. 가까이 지내던 친구들 중에서 부모님이 교사나 공무원이었던 아이들은 도시로 전학 가기 바빴고, 농사를 짓던 친구들의 부모님은 농사를 접고 도시로 나가 사업을 시작했다. 마을에는 돈이 되는 작물을 기르는 소수의 사람들만 남았다. 대학생이 되어 마을을 다시 찾았을 때 무당 할머니의 초가집은 사라졌고 전에 없던 편의점과 마트만 덩그러니 자리했다. 어린 시절 친구들은 대부분 도시로 떠났고 나를 기억하는 사람도 많지 않았다.

"한국에도 전통마을의 삶과 고향을 그리워하며 시골에서 살고 싶어 하는 사람들이 늘고 있습니다. 그렇지만 막상 기대를 품고 들어간 시골에서 예전과 같은 전통마을의 모습을 찾아보기는 어렵습니다. 도시에 사는 사람들과 크게 생각이 다르지 않고 생활 문화도 비슷합니다. 땅과 자연이 많이 파괴되었고, 사람들 간의 유대 관계도 이전과는 다른 듯합니다. 사람들은 그리던 고향, 자연을 찾아 시골로 향하지만 그곳에서 바라던 것을 찾기는 어렵습니다. 『오래된 미래』에 나오는 라다크처럼 세계화라는 이름 아래, 한국에 있던 전통과 지혜도 거의 다 사라지는 듯합니다. 이런 사실을 떠올리면, 어린 시절을 잃어버린 것처럼 마음이 아파옵니다."

이야기가 끝날 때쯤 마음이 울컥했고 목소리는 떨려왔다. 한국에 대한 애정이 많지 않다고 생각했는데 갑자기 한국이라는 나라를 대표해 이야기하는 동안, 국가라는 차원을 넘어 내가 자라온 땅에 대한 어떤 연민 같은 것이 느껴졌다. 가만가만 내 이야기를 듣고 있던 사람들은 나를 키워낸 땅을 어루만지듯 따뜻한 시선으로 나를 바라보았다.

모임이 끝나고 루아가 내 곁으로 찾아왔다. 촘촘하고 긴 속눈썹 아래 까만 눈망울로 나를 쳐다보며 손을 잡아주었다. 그리고 이렇게 말했다.

"우리 함께 오래된 미래를 찾아가요."

어느 누구보다 루아의 말 속에서 위로와 진심을 느꼈

다. 우리는 전혀 다른 땅에서 세계화를 경험한 사람으로서, 젊은 여성으로서 서로 비슷한 상실감을 느끼고 있는지도 모른다고 생각했다. 입장의 동등함에서 찾아오는 공감은 거칠었던 마음을 어루만져주었다. 루아의 까만 눈동자 위로 아프리카라는 거대한 대륙의 고통과 슬픔이 전해졌고, 이내 서글퍼졌다.

콘퍼런스 중 서유럽 사람이 자신이 개발한 생태 건축법을 소개하는 시간에 헝가리에서 온 마틴은 눈살을 찌푸리며 내게 귓속말로 이렇게 말했다.

"저 사람이 말하는 생태 건축법은 옛날부터 터키 사람들이 집을 짓던 방식과 아주 똑같아."

그것이 이 시대에 오래된 미래를 찾아가는 사람들의 현실이었다. 무엇이 전통인지 무엇이 기술 혁신인지 어느 땅에서 시작되었는지 구별하기조차 어려웠다. 콜럼버스의 아메리카 침략 후 오랜 세월 북반구 사람들은 잔인하게 남반구 사람들의 자원과 자연을 착취하고 빼앗아갔다. 나는 생태 마을 사람들이 모인 이 자리에서도 남반구의 지혜와 아름다운 정신은 또다시 이용되기만 하는 건 아닌지 의구심이

들었다.

내 안에 있던 어떤 피해 의식 같은 것이 올라오면서 남반구는 이런 운동에서 조차 뒤처지고 있는 것인지, 결국 보여주기식 사례로 그치는 것은 아닌지 조바심이 일었다. 그날의 고민은 꽤 오랫동안 머릿속을 괴롭혔다. 그러다가 5년 뒤, 『오래된 미래』의 저자 헬레나 노르베리 호지Helena Norberg-Hodge를 직접 만나 이런 고민을 털어놓았더니, 그는 나의 고민을 다른 시각으로 볼 수 있도록 이끌어주었다. 이 이야기를 하려면 먼저 그의 활동에 대해 간단하게 살펴볼 필요가 있다.

✳

세계화를 넘어 지역화로

헬레나 노르베리 호지는 스웨덴 출신의 언어학자로, 1975년 작은 티베트라 불리는 라다크에 다큐멘터리 제작 팀원으로 들어갔다. 이 시기는 티베트가 처음 관광을 허용했던 때로 세계화의 물결 속에 개발이 시작된 지 얼마 되지 않은 시기였다. 본래 6주만 머물기로 예정하고 방문한 헬레나는 라타크 마을 사람들의 자연에 뿌리내린 삶, 전통 속에 녹아든 삶의 지혜, 이들의 해맑은 미소를 잊을 수 없어 그곳에 계속 머물기로 한다.

헬레나는 라다크에서 깊은 삶의 지혜와 사랑을 경험했지만, 시간이 흐를수록 '경제 성장'과 '세계화'라는 이름 아래 따뜻한 라다크 사람들의 영혼이 변질되고 그들의 삶이 파괴되는 고통스러운 과정 역시 지켜보았다. 그는 자신이 겪은 라다크에서의 삶을 『오래된 미래』라는 책에 담았고 전 세계적인 공감과 관심을 받았다. 특히 근대화 과정 속에서 라다크와 비슷한 경험을 했던 많은 한국 사람들의 마음을 울렸다.

헬레나는 40년 동안 라다크를 오가며 남반구 생태마을 운동의 흐름처럼 라다크 전통마을의 가치를 복원하고 회복하는 운동에 힘썼다. 더불어 작은 티베트 마을에서 일어나는 문제가 세계 경제 흐름과 이어져 있다는 사실을 발견한다. 이후 도시를 기반으로 한 성장 중심의 경제구조를 비판하고, '반反세계화anti-globalization, 지역화localization', '탈중심화decentralization'를 주장하며, 지역 경제를 활성화하는 활동을 시작했다.

그가 처음 시작한 라다크 프로젝트Ladakh Project는 이제는 로컬 퓨처스Local Futures로 이름을 바꾸어 라다크를 넘어 지역 운동의 세계적인 연대를 호소하고 있다. 헬레나는 작가, 에코페미니스트, 사회 운동가로 일하며 자신이 라다크에서 경험하고 깨달은 지혜를 세계에 알리는 활동에 꾸준히 전념했다.

나는 고등학생 시절 한 강연장에서 그를 실제로 처음 보았다. 강연에서 가장 인상 깊었던 내용은 '지역화의 국제적 연대'였다. 내가 살아가는 좁은 세상의 문제가 사실은 세계적인 흐름이나 활동과 이어져 있다는 것 그리고 우리는 결국 지금 살아가는 마을, 지역, 지구를 잘 가꾸며 살아가야 한다는 이야기를 들었다. 그때는 다 이해하기 어려웠지만 어렴풋하게나마 시야를 세계로 넓혀야 한다는 느낌이 들었다.

지금 생각해보면 그런 경험들이 나를 여행으로 이끌고 또 유럽의 생태마을을 순례하는 길로 향하게 했나보다. 헬레나를 동경하는 어린 학생이던 내가 생태마을을 찾아다니며 배운 교육과 지혜와 사랑에 대한 이야기를 엮어 책을 출간했으니 말이다.

대학을 졸업하고 한국에서 넥스트젠코리아를 통해 생태마을 활동가로 일하며 새롭게 알게 된 사실은 헬레나가 젠, 즉 세계생태마을네트워크 설립에 힘을 보탰고, 지속적으로 긴밀하게 연결되어 일한다는 사실이었다. 내가 우연히 여행을 통해 접하고 인연이 닿아 활동하던 젠과 넥스트젠이 바로 고등학교 시절 헬레나에게 들었던 '지역화의 국제적 연대'를 실천하는 곳이었다. 학생 때 책을 통해 배우고 감동했던 이야기가 나도 모르는 사이에 방황하고 흔들리던 나를 잡아주고 있었던 것만 같다.

헬레나는 라다크에서 배운 것을 생태마을 운동가들에게 전했고, 그때까지 유럽과 서구 사회를 중심으로 새로운 공동체와 생태마을을 설립하는 일에 집중하던 젠의 활동가들에게 영향을 끼쳤다. 물론 더 많은 이유와 조건 들이 작용했지만, '전통마을 살리기'와 '전환마을'이 생태마을 운동의 중심에 놓이게 된 데는 헬레나의 경험과 영향이 주요했다고 생각한다.

서울 은평구에서 전환마을 운동을 하는 사람들과 함께 헬레나와 청년의 만남을 기획하고 통역을 마친 뒤 돌아오는 길, 차 안에서 그와 이런저런 이야기를 나누었다. 헬레나는 한국 청년들이 생태마을 운동이나 전환마을 운동에 관심을 두고 있다는 사실에 무척 흐뭇해했다. 나는 그동안 경험한 유럽의 생태마을 운동과 한국에서 일어나는 운동을 비교하며 한국 사회는 아직도 이런 운동을 펼치기에 참 어려운 점이 많고, 한국이라는 이 땅도 세계화로 잃어버린 것이 너무 많아 속상하다는 마음을 털어놓았다. 그때 헬레나가 해준 말은 나에게 아주 큰 위로가 되었다.

"라다크나 한국은 서구 사회보다 오래된 미래를 찾는 시간이 오래 걸리지 않을 거예요. 과거를 잃어버렸던 시간이 길지 않기 때문에, 금방 그 세계로 달려들어갈 수 있을 거라고 믿어요."

생태마을에 대한 인식이 부족하다고 느낀 한국 사회에서의 답답함 또 아시아, 아프리카, 남미 등 상대적으로 열악한 남반구 생태마을에 대한 나의 고민은 어쩌면 생태마을에 대한 기준점을 유럽과 북반구 생태마을에 두었기 때문일 수도 있다는 생각이 들었다. 분명 한국과 남반구 국가들의 생태마을은 부족한 것이 많지만, 그 부족함이 새로운 가능성이 될 수도 있고 부족한 만큼 이미 오래된 미래에 가깝다는 말일 수도 있었다.

※

한국 청년들과
헬레나의 만남

책을 쓰기로 결정한 뒤 종종 신기한 일이 벌어졌다. 책을 쓰는 동안 이 책에 등장하는 사람들과 10년 만에 갑자기 연락이 닿기도 했고, 어떤 이들은 유럽이 아닌 한국에서 만나는 신기한 일들이 연달아 벌어졌다. 헬레나가 그랬다. 영국 슈마허대학에서 머무는 동안 길에서 우연히 그를 만났을 때, 그는 곧 한국에 갈 예정이라며 다시 만나자는 말을 남겼다. 실제로 우리는 몇 달 뒤 생태 문명 관련 콘퍼런스에서 만날 수 있었다.

헬레나는 일흔을 훌쩍 넘겼지만 건강해보였다. 그는 이미 한국에서 유명 연사였지만, 권위적이지 않고 소탈한 성품의 어른이었다. 꾸준히 한국의 정치가들을 비롯한 여러 사람들을 만나 한국 사회의 지역화, 탈중심화, 마을 만들기, 로컬푸드 운동 등에 대한 지지를 당부하기도 했다.

우리는 볕이 좋은 가을 광화문 거리를 걸었다. 그는 길을 걷다가 문득 어느 날 한국 시장에서 과일 파는 아주머니가 『오래된 미래』를 읽었다면서, 자신을 알아보고 눈물을 흘렸다는 이야기를 꺼냈다. 헬레나는 그 아주머니를 잊을 수 없다며 다시 한국에 오면 그런 분들을 만나고 싶다고 했다.

몇 주 뒤 헬레나가 다른 일로 급하게 한국에 온다는 연락을 받고서 나는 헬레나와 청년들이 만나는 자리를 생각했다. 관심 있는 친구, 활동가 들과 함께 '청년, 연대, 미래'라는 주제로 작은 강연을 기획했고 나는 통역을 맡기로 했다.

헬레나가 전하고자 하는 메시지를 한국에서 실천 중인 우프코리아WWOOF Korea와 비전화非電化공방에서도 협력했다. 우프코리아는 전 세계의 유기농 농가와 국제 봉사자들 간의 네트워크를 지원하며 유기농업의 가치를 알리는 곳이다. 또 비전화공방은 청년들이 자연과 연결되어 자립할 수 있는 삶을 실천하는 단체였다. 헬레나의 활동을 지원하는 단체를 포함한 세 단체에서 일하는 활동가들의 자발적인 노력으로 모임은 순조롭게 준비되었다. 그들의 도움에 이 자리를 빌려 다시 감사를 보낸다.

초겨울 저녁, 우리는 서울혁신파크에 세워진 비전화카페로 향했다. 이곳은 오프 더 그리드off the grid, 즉 외부에서 전기를 지원받지 않고 최소의 에너지를 이용해 운영하는 공간이었다. 요정들이 살 것 같은 작은 스트로베일 하우스 안에는 자체 생산된 전기로 켜진 전등 하나가 흐릿하게 빛을 냈고, 촛불과 호롱불이 어두운 구석구석에서 따뜻하게 빛을 더해주었다. 한쪽에 놓인 난로에서는 장작이 타오르며 공간을 따뜻하게 데우고 있었다.

서울에 있다고 믿기 어려운 느낌이 들었다. 마치 라다크의 어느 오래된 집에 있는 것만 같았다. 그 공간으로 헬레나와 청년 사십여 명이 들어왔고, 고요한 불빛 아래 차 한 잔을 앞에 두고서 둘러앉았다. 우리는 헬레나를 '헬레나 할머니'로 소개했고, 오늘 그의 지혜에 귀를 기울여보자고 덧붙였다.

모임을 시작하기 전 우리는 고요히 명상의 시간을 가졌고, 모두 돌아가며 자기 소개를 했다. 소속이나 직업을 말하는 일반적인 소개 대신, 이름과 지금 이 자리에 선 자신의 느낌만을 서로 나누었다. 모습도 사는 세계도 다 달라 보였지만 서로 오랫동안 알고 지낸 친구들처럼 다정하게 다가왔다.

　바쁜 일정으로 피곤해 보이던 헬레나의 얼굴은 청년들을 마주하며 빛나기 시작했고, 청년들도 헬레나의 말 한마디와 작은 표정까지 집중했다. 우리는 서로가 이 만남을 얼마나 귀하게 여기는지 느낄 수 있었다.

위기의 뿌리를 찾는 공부

비전화카페는 제가 서울에서 가장 좋아하는 곳입니다. 이곳에 여러분과 함께 있으니 제가 살던 라다크 마을의 집들이 떠오르네요. 이곳은 마치 '오래된 미래'를 형상화한 공간처럼 느껴집니다. 저는 세계생태마을네트워크 초창기 시절부터 함께 일했습니다. 젠, 비전화공방, 우프는 제가 아주 잘 아는 곳들이며, 이 단체들의 활동이 바로 지역화 운동이라고 생각합니다.

기후 위기가 심각해지는 것과 비례해서 지역화 운동은 전 세계에 걸쳐 빠르게 일어나고 있습니다. 여러분이 생각하셨던 것보다 더 빠를 것입니다. 다만 아쉽게도 이런 정보가 많이 공유되고 있진 않습니다. 만약 서로의 활동이 더 원활하게 공유된다면 우리의 연대는 더 강해지고 지역화 운동의 영향력도 더 커질 것이라고 봅니다.

우리는 또한 활동의 공유와 더불어 지금 이 사회에서 일어나는 사회 구조, 다시 말해 큰 그림을 볼 줄 알아야 합니다. 그러면 그 속에서 개인과 조직이 어떤 행동을 취해야 할지 명확해질 것입니다. 지금 정부와 기업이 무슨 일을 벌이는지 알아야 하고, 그 사실을 바탕으로 적절한 선택과 거절을 해야 합니다.

오랜 역사 속에서 사람이라는 존재는 사람과 사람, 자연과 사람의 강렬한 연결 고리 속에서 진화했습니다. 근본적으로 우리는 많은 생명과 연결된 존재이며, 모든 연결은 지역 경제 안에서 활발히 이루어지고 운용되었습니다. 그러나 근대의 사회 체제나 경제 체제는 노예나 학살을 기반으로 형성되기 시작했고, 구성원들에게 어떤 정신적인 압박을 가했습니다. 대표적으로 학교, 미디어, 광고는 사람들에게 끊임없이 정신적 압박을 가합니다.

근대 사회는 사람과 사람, 사람과 자연의 분리를 바탕으로 한 극단적 개인주의, 경쟁, 확장, 지역이 아닌 도시로의 확대로 나타납니다. 정신적 압박 그 중심을 꿰뚫는 단어는 바로 '경제 성장'입니다. 지금 세계에 일어나는 많은 일들이 그 경계를 벗어나기 어렵습니다. 하지만 이러한 경제 성장에는 반드시 한계, 즉 끝이 있다는 걸 우리는 반드시 기억해야 합니다.

현대 경제 체제는 과거의 지역 경제 체제에서 탈주해 세계로 끝없이 확장됩니다. 자유 무역이 대표적인 예지요. 지금 세계에서는 정신 나간 무역 행위가 벌어지고 있습니다. 많은 사람들이 기후 위기와 저탄소에 대해서 말하지만 이 부분은 간과하기 쉽습니다. 예를 들어 미국은 수백만 톤의 소고기를 다른 국가들과 매일 수출입합니다. 문제는 주고받는 양이 거의 똑같다는 겁니다.

음식뿐만이 아닙니다. 철강, 목재, 플라스틱 쓰레기, 물도 이런 식으로 주고받습니다. 실제로 호주와 영국은 20톤의 물을 매일 서로 수출입합니다. 자유 무역이라는 이름 아래 행해지는 이런 행위가 기후 위기와 플라스틱 문제의 주된 원인입니다. 하지만 기후변화협약에서도 항공 운송, 해상 운송 등으로 벌어지는 이 문제에 대해 다루지 않습니다. 각국 정부는 오히려 이런 무역을 지지하고 있지요.

문제는 여기서 그치지 않습니다. 상당한 금액의 정부 보조금이 다국적 기업에 쏠리는데, 정부는 이들에게 세금도 거의 부과하지 않고 규제 또한 하지 않습니다. 상대적으로 지역 경제에 기반을 둔 회사나 조직에 더 많은 세금을 부과하고 이들을 더 규제하고 있죠. 소농 가구들과 생태마을 사람들의 살림이 점점 어려워지는 이유가 여기 있습니다.

그래서 우리는 큰 그림을 볼 수 있어야 합니다. 정부와 기업 들이 주도하는 이런 큰 그림을 보지 않고 계속 살아간다면, 지금 사회에서 일어나는 여러 문제를 단순히 개인의 가치 판단이나 잘못으로만 돌릴 수 있습니다.

저는 생태마을 사람들이 어떤 일의 실패를 자신을 포함한 개인의 탓으로만 돌리는 경우를 꽤 보았습니다. 각자의 도덕성과 의지 같은 것들을 탓하면서 말이죠. 하지만 그 전에 우리는 사회 구조에 대해 생각해야 하고, 그 속에서 일어나는 문제를 살펴야 하고, 이 사회가 개인에게 어떤 정신적 압력을 가하는지도 인지해야 합니다. 그래야만 뭔가 제대로 시작할 수 있습니다.

현대 사회를 살아가는 사람들의 가장 큰 문제는 각 개인들의 내재된 욕망이나 욕심으로 발생하는 게 아닙니다. 지금 이 사회 구조를 통합적인 관점으로 인지하지 못하는 것에서 오는 '무지' 때문입니다. 지금 우리가 살아가는 사회는 구조적으로 공동체를 갈라놓았고, 파괴적으로 자연과 사람의 연결을 끊어버렸습니다.

우리는 지금 전 세계에 닥친 위기의 뿌리가 어디에 있는지, 그 큰 그림을 찾기 위해 스스로 공부해야 합니다. 현대 사회가 구조적으로 얼마나 건강하지 못한 세상을 만들고 있는지 분명히 인식해야 합니다. 그리고 함께 공유해야 합니다. 큰 그림을 공유하는 연대를 기반으로 여러 분야의 사람들이 건강한 사회 구조를 창조하는 활동을 함께하는 것. 이것이 제가 말하는 '빅 픽처 액티비즘Big Picture Activism'이고 국제적인 지역화로 가는 길입니다.

✳

다른 성장은 가능하다

　사람과 사람, 자연과 사람이 연결된 사회로 나아가는 것이 제가 말하는 지역화와 탈중심화가 궁극적으로 추구하는 방향입니다. 지역화의 정신은 사람을 포함한 모든 생물의 다양성을 존중하는 것입니다. 이를 통해 지구 위에 인간만이 아닌 모든 생물이 어울리는 새로운 공동체를 만들 수 있다고 생각합니다.

　좋은 소식은 이런 지역화 운동이 매일매일 늘어난다는 것입니다. 제가 이야기했던 '오래된 미래' 역시 지역화 운동과 같은 방향에 있습니다. 이것은 인간의 문명이 과거로 회귀하거나 뒤로 후퇴해야 한다는 말이 아닙니다. 근대 사회에서 분리되었던 자연과 사람이 다시 연결되는 그 새로운 길이 바로 오래된 미래를 만들어가는 방법이라는 거죠.

저는 지역화 운동의 핵심적인 요소로 인간적인 범위를 말합니다. 느리지만 사람의 손으로 일상을 일궈나갈 수 있는 범위를 뜻하지요.

협동 역시 중요합니다. 이것은 사람과 사람, 자연과 사람, 세대 간의 협력을 말합니다. 이때 협동은 단순히 일을 함께 하는 개념에 그치지 않고 우리가 배우고 생각하고 행동하는 모든 영역에서 연결되어야 함을 뜻합니다. 이를 테면 지역화 운동에서 지식을 배우는 방식은 기존의 교육처럼 추상적이고, 비경험적이고, 파편화되고, 전문화된 지식을 습득하는 것이 아닙니다. 우리는 경험에 바탕을 둔 통합적인 지식을 배우고 또 전하려 합니다.

더불어 여성성의 회복도 지역화 운동 안에 있습니다. 저는 에코페미니스트로서 여성성이 생명을 돌보는 것과 연관되어 있음을 압니다. 우리와 함께 활동하는 많은 남성들 또한 여성성을 기반으로 자신을 바라보고, 자기 안에 있는 여성성의 목소리를 발견하고 있습니다.

지역화 운동은 또한 참여 문화를 뜻하기도 합니다. 예를 들어 예술 분야의 경우 청중의 입장에서 관찰하고 감상하는 것에 그치지 않고, 내가 직접 노래를 만들고 춤을 추며 적극적으로 동참하는 것이지요. 이런 문화 속에서는 모든 사람이 스타가 될 수 있습니다.

사람의 손이 닿는 인간적인 범위 안에서 통합적으로 사고하고 함께하는 협동과 자기 안의 여성성을 회복하고 스스로 문화를 창조하는 활동을 통해 우리는 자연스럽게 몸, 마음, 정신이 하나로 연결된 상태에서 세상을 바라볼 수 있습니다. 또한 직관적인 방식으로 자연과도 연결됩니다.

아이러니한 것은, 지역화 운동을 이끄는 사람들은 대부분 도시에서 자랐으며 국제적 경험이 풍부하다는 점입니다. 이들은 자연과 단절된 도시에서 자라며 무언가 잘못되었다는 느낌을 강하게 받았던 것이죠. 그들은 도시를 떠나 세상을 여행하며 세계에 닥친 문제를 직접 목격하고는 농업, 공동체, 지역화의 중요성을 절실하게 느꼈다고 말합니다. 반대로 한번도 시골을 떠나지 않은 농부들이 기업농과 산업농을 주도하는 경우가 많습니다. 이들은 생태를 파괴하는 농사 방식을 선호하는 경향을 보입니다.

제 이야기를 마무리해보려고 합니다. 지금 이 세계에는 두 가지 길이 있다고 생각합니다. 하나는 경제적 성장, 더 큰 것만을 추구하는 길입니다. 또 다른 길은 자연과 가까워지고 자연과 닮은 삶을 추구하는 길입니다. 사실대로 말하면 경제적 성장을 우선시하는 첫 번째 길과 그 길을 따르는 사람들의 힘이 점점 강해지는 것이 현실입니다. 그러나 그들의 내면에 탐욕, 불만, 불안, 두려움이 도사리고 있는 모습도 보입니다. 이들은 자신의 내적인 문제를 표면적으로만 살피기에 급급합니다.

그와 반대의 길, 자연과 연결된 삶을 추구하는 사람들의 내면은 행복하고 건강합니다. 저는 이들 가운데 진짜 본래 자신의 모습으로, 자연으로 거듭나는 사람들을 보았습니다. 두 갈래의 길은 제가 『오래된 미래』를 집필할 당시보다 더 뚜렷하게 나눠지는 중입니다. 그동안 제가 만난 국제기구 대표, 정치인, 기업가 들도 이런 사실을 잘 알고 있습니다.

지역화 운동, 로컬푸드 운동, 생태마을 운동은 지금 이 세계가 당면한 기후 위기, 종멸종과 같은 문제의 원인을 근본적으로 해결할 수 있는 길을 열어줍니다. 농사를 짓고 재생 가능한 에너지를 사용하는 지역화로 나아가는 길은 지구를 치유하는 과정이기도 합니다. 여러분이 이런 활동에 참여하고 더 깊이 관여하게 된다면, 이 일이 단순히 자연과 땅을 회복하는 것 이상으로 모든 생명과 자신을 더 깊은 단계에서 치유하는 과정임을 인지하게 될 것입니다.

우리가 지금 가장 먼저 해야 할 행동은 이 세계의 큰 그림을 함께 인식하고 공부하는 것, 그 바탕에서 지역화 다시 말해 우리의 오래된 미래를 찾아가는 것입니다. 이것은 세상을 바꾸는 혁명과도 같은 일입니다. 여러분은 작은 지역 속에서 이런 일을 하고 있을 테지만 절대로 고립되어 있지 않습니다. 점점 더 많은 국제적인 협력 속에서 수많은 사람, 자연과 연결되어 더 풍요로운 삶을 누리게 될 것입니다.

아쉽게도 헤어질 시간이 다가왔을 때 피카레라는 재일교포 청년이 앞으로 나왔다. 피카레는 후쿠시마 사태 이후 숲을 가꾸며 미래의 생태 공간인 '마더 포레스트Mother Forest'를 만들고, 자연과 사람이 순환할 수 있는 생활의 지혜와 기술을 실천하는 생명평화 운동가이자 가수였다. 바로 헬레나가 말한 지역화를 살아내는 청년이었다. 피카레는 영감을 받은 눈으로 이 자리에서 나누고 싶은 티베트 노래가 있다고 했다. 그는 이를 활짝 드러내고 웃으며 함께 노래를 부르자고 했다. 청년들과 헬레나도 아이처럼 손뼉을 마주치며 피카레의 노래를 따라 불렀다.

친구여 반가워

꽃비가 우리를 씻겨주네

사랑과 지혜와 힘으로

우리 함께 연결되자

우리 서로 사랑하자

노래가 끝나고 피카레는 자신의 밭에서 기른 툴시차를 헬레나에게 전했다. 깊은 밤, 이 공간에서 뿜어져 나오는 우리들의 온기는 찬 바람이 부는 서울의 거리마저 포근히 감싸 안는 듯했다. 청년들과 헬레나는 서로에게 고마운 마음을 전하고 별이 빛나는 겨울밤 거리를 지나 집으로 돌아갔다.

✳

코로나라는 기회

헬레나와 헤어지고 따뜻한 봄을 기다리던 중, 갑자기 코로나라는 바이러스가 전 세계를 덮쳤다. 나는 겨울 동안 세계 곳곳의 슬프고 고통스러운 소식을 접할 때마다 침울함을 이겨내려 안간힘을 써야 했다. 점점 밖으로 나가기 어려운 상황이 되면서 집 안에 갇혀 원고 쓰는 일에만 몰두할 수밖에 없었다.

그런데 나의 침울함과는 무관하게 지구는 빠른 속도로 변화하는 것만 같았다. 사람들의 움직임이 일시 정지된 틈 사이로 자연의 생명들이 꿈틀대는 모습도 보았다. 지금 지구는 어떻게 변하고 있는 것일까? 길 위에서 만난 스승들의 말씀처럼 가슴으로 고요히 지구와 연결되어 그 물결을 느껴 보려고 했지만 뚜렷하게 손에 잡히는 건 없었다.

그 사이 겨울이 가고 봄이 왔다. 유럽 생태마을 운동의 선구자이며 20대 시절 내 모든 정신을 의지하던 스코틀랜드 핀드혼 생태마을의 설립자 도로시 맥클린Dorothy Maclean 을 비롯해 수많은 생명이 흙으로 돌아갔고, 새싹은 그 위를 어김없이 뚫고 솟아올랐다.

나는 기운을 내어 다시 헬레나에게 연락했다. 5개월이 라는 짧은 기간 동안 사뭇 달라진 이 세상의 풍경을, 헬레 나는 어떻게 보고 있을지 궁금해 인터뷰를 요청했다. 달라 진 세상 속에서 어떻게 살아가야 할지 그의 지혜를 구하고 싶었다.

사실 이 인터뷰를 추진한 가장 큰 이유는 구체적인 해 답을 찾기보다 어쩌면 우울하고 답답한 시기, 존경하는 어 른에게 다정한 위로를 받고 싶어서였는지도 모른다.

헬레나와 나는 스크린 속에 비친 서로의 얼굴을 바라 보며 가족과 친구들의 생사, 나라의 사정 등 안부를 주고받 았다. 문장 사이사이 감탄사처럼 등장한 "아…, 오…"라는 낮은 음성으로 우리는 안도감을 표했다. 호주의 한 바닷가 근처에서 남편과 휴식을 취하던 헬레나는 강연장에서 만났을 때보다 훨씬 더 느긋해 보였다. 지구에서 일흔다섯 해를 살아온 헬레나의 목소리는 스피커 너머로 또렷이 울렸다. 그렇게 연둣빛이 흐드러지던 봄날, 우리의 이야기는 다시 이어졌다.

코로나 시대를 겪으면서, 저는 이 팬데믹을 통해 지구가 우리에게 어떤 메시지를 전한다고 느꼈습니다. 더불어 선생님께서 끊임없이 알리신 것처럼 자유 무역의 한계도 여실히 드러났다고 생각했고요. 팬데믹을 근본적으로 해결하기 위해서는 그동안 선생님과 생태마을 운동의 선구자들이 실천한 지역화, 생태적인 삶으로의 전환이 어느 때보다 필요하다고 봅니다. 이것은 감상적인 언어가 아니라 인간의 생존 문제와 직결된다고 생각합니다. 선생님께서는 코로나 시대를 어떻게 바라보고 계신가요. 더불어 이런 시기에 생태마을 운동은 어떤 의미를 지닌다고 보시나요?

≋

지금 전 세계 사람들은 그 어느 때보다 빨리 깨어나고 있습니다. 사람들은 글로벌 시장이 얼마나 취약하고 얼마나 파괴적인지 알아차렸습니다. 전 세계 주류 언론이나 국가들도 글로벌 시장에만 의지할 수 없다는 결론을 내고 있습니다. 바이러스가 퍼지자 전 세계 사람들은 집에서 머물도록 권고받았죠. 많은 사람들이 답답함을 느꼈을 테지만 또 한 편으로는 그때서야 비로소 진지하게 무언가를 생각할 시간을 갖게 된 사람도 많을 거예요.

그게 바로 '속도를 늦추는 것'의 가치입니다. 우리는 자유롭게 서로의 얼굴을 보기 어려워졌지만, 상대적으로 자신이 속한 공동체의 가까운 사람들에게 눈을 돌릴 여유가 생겼지요. 많은 사람이 씨앗을 심고 먹거리를 기르는 일에 관심을 기울이고 서로를 돌보기 시작했습니다.

다양하게 전개되는 현상을 말로 다 표현할 수는 없지만, 이런 변화들이 제가 47년 동안 알리고 실천한 '지역화'로 가는 길이라고 봅니다. 실제로 이제 사람들은 지역화 운동, 생태적인 삶으로의 전환에 엄청난 관심을 보이고, 또 이를 진지하게 생각할 수밖에 없다고 봅니다. 이 흐름이 작은 공동체나 생태마을뿐만 아니라 도시나 지역, 국가로 확산되고 있으며 또 그래야 합니다.

지역화에서 가장 중요한 축은 경제적인 패러다임의 전환입니다. 지역화는 무역과 수출을 통해 국가나 지역에 부를 축적하는 일과는 거리가 멉니다. 주류 경제 체제는 글로벌 시장 속에서 무역을 전문화하는 일에 집중합니다. 그러나 당신이 사는 공동체, 국가, 지역이 지닌 다양한 욕구를 인정하고 또 충족시키는 일은 중요하게 여기지 않지요.

저는 주류 경제가 나아가는 방향에 대해 여러 차례 의문을 제기했고, 수출에만 의존하는 경제 시스템은 위험 요소가 너무 많다고 끊임없이 알렸습니다. 그런데 코로나 바이러스를 통해 우리는 그것을 직접 목격하게 된 것이죠. 다양한 이유로 사람과 물자의 이동이 멈추면서 자유 무역에 의존하여 살던 많은 이들의 삶이 위태로워졌습니다. 지금 지역화 운동은 어느 때보다 우리의 생존 문제와 직결되어 있습니다.

생태마을은 지역화 운동의 최전선에 있습니다. 생태마을은 바이러스 시대에 앞서 자연과 조화로운 삶, 자연과 연결되는 삶을 실현한 곳이며 지역화의 심장입니다. 생태마을 사람들은 물리적인 차원뿐만 아니라 영성적인 차원에서도 다른 생명, 자연과 아주 깊이 연결되어 있지요. 저는 지역화 운동을 하면서 생태마을 운동 선구자들에게 늘 감사한 마음을 품습니다.

모든 사람이 생태마을에서 살아야 한다고 말하는 건 아닙니다. 하지만 라다크와 같이 이른바 남반구의 전통마을은 더 적극적으로 살려야 합니다. 왜냐면 도시화는 집약적으로 엄청난 에너지와 자원을 집중시키고 지구는 이것을 감당할 수 없기 때문입니다. 이를 해결하기 위한 방법은 전통마을과 지역이 소멸되는 것을 막는 수밖에 없습니다.

생태마을 운동은 전통마을의 회복에도 중요한 의미를 지니고 있습니다. 사실 전통마을에 사는 많은 사람들이 주류 경제로 편입하고 싶어 합니다. 하지만 이것은 진보가 아니라 후퇴이고 단적으로 말해서 어리석은 태도입니다. 시간이 지날수록 전통마을 사람들은 얼마나 많은 사람들이 진정한 공동체를 원하는지, 자연과 깊이 연결되길 원하는지 느낄 것입니다. 그제야 자신들이 본래 지니고 있는 가치를 재발견하겠지요.

지금 많은 사람이 숲, 땅, 강을 통해 지구 어머니와 강하게 연결되고 싶어 합니다. 실제 이런 삶이 가능한 곳이 전통마을이고, 그것을 의식적으로 펼쳐내는 곳이 생태마을이죠. 지금 그 어느 때보다 우리에겐 '에코 리터러시eco-literacy' 즉 감수성과 지식이 결합된 생태적인 교양이 필요합니다. 생태적 감성과 교양을 기르고, 생태적인 삶으로 전환하고, 주류 경제의 패러다임에서 벗어나야 합니다. 이것이야말로 진정으로 지구 어머니와 연결된 삶을 사는 길입니다. 제가 생태마을과 전통마을을 강조하는 이유입니다.

생태마을을 여행하며 지구 어머니와 연결되어 사는 사람들이 세계 곳곳에 있음을 보았습니다. 그러나 다른 한편으로는 바이러스가 닥친 지구의 생태계만큼, 사람들의 내면 또한 병들어 있다는 걸 알게 되었습니다. 특히 많은 청년이 정신적 피로감에 시달리고 있습니다.

전에 선생님께서는 문제의 원인을 개인의 탓으로만 돌릴 것이 아니라 개인이 처한 사회의 구조, 즉 큰 그림을 볼 수 있어야 한 사람의 개인도 자신의 삶 속에서 올바른 선택을 할 수 있고, 또 근본적으로 치유될 수 있다고 하셨습니다. 청년들이 진정한 치유의 길로 걸어가기 위해서 가장 먼저 해야 할 일은 무엇이라고 생각하시나요?

≋

자신뿐만 아니라 지구를 치유하는 길로 나아가기 위해서는 먼저 주류 경제가 우리에게 어떤 압력을 가하는지, 큰 그림을 그려볼 수 있어야 한다고 말했지요. 현대 사회는 사람들을 극심한 경쟁으로 몰아넣습니다. 예를 들면, 학교에서는 어마어마한 양의 지식을 배우게 하지만 그중 상당수는 어른이 되어서 대부분 다시 사용하지 않을 내용입니다. 현실과 거리가 있죠.

학교 교육의 방식도 단절적입니다. 아이들은 초등학교 1학년

때부터 다른 나이의 또래 아이들과 어울리지 못합니다. 이것은 전 세계적으로 벌어지는 일이지요. 그런데 인간의 역사를 돌아봤을 때, 이런 단절적인 교육은 그리 오래된 것이 아닙니다. 진화 과정 속에서 인간은 공동체의 여러 세대와 함께 서로 배우고 가르치며 성장했습니다. 우리의 DNA 깊은 곳에는 통합적이고 협력적인 배움의 방식이 자리 잡고 있습니다.

공동체 속에서 아이와 노인, 젊은이가 함께 어울리며 평생 서로 배우고 가르쳤습니다. 여러 세대가 섞인 공동체 속에서 사람들은 여러 분야에 걸쳐 삶에 필요한 기술을 숙련했지요. 먹거리를 기르고, 집을 짓고, 음악을 작곡하고, 연극을 공연하고, 자연요법을 통해 자신을 치료할 수 있는 여러 방법을 익혀나갔습니다. 저는 전통적인 삶의 방식이 완벽하다고 말하는 게 아닙니다. 다만 건강과 행복이라는 측면에서 이런 삶의 방식이 훨씬 낫고 또 가능하다는 거죠.

지금 사회는 빠르게 미래로 나아가고 있습니다. 동시에 저에게는 전 세계 수많은 젊은이들의 고통이 뚜렷이 보입니다. 그들은 자살, 중독, 우울, 폭력에 시달리고 있습니다. 사람들이 인지하지 못하는 사이에 고통은 전염병처럼 전 세계로 퍼졌습니다.

병의 원인은 우리가 자기 존중감, 자기 배려를 잃어버렸기 때문입니다. 그 가장 밑바닥에는 글로벌 시장의 기술 경제가 있다는 걸 알아야 해요. 본래 인간은 건강과 행복의 지혜를 전통적인 삶 속에서 자연스럽게 이어받으며 살아왔습니다. 기술 경제는 그러한 지혜와 인간을 멀어지게 하여 불행으로 이끕니다. 이 사실을 이해하고 넘어가야 합니다. 그래야 자신을 괴롭히는 고통에서 자유로워질 수 있습니다.

불행이 어디서 왔는지 아는 것에서 치유는 시작됩니다. 이런 사실을 모를 때 사람들이 가장 범하기 쉬운 것이 자기 비난입니다. 또는 자신이 속한 문화나 정부를 비난하기 쉽지요. 하지만 우리는 근본적으로 문제를 만들어낸 구조, 즉 큰 그림을 볼 수 있어야 해요.

전 세계 많은 테라피스트는 정신적인 문제를 안고 있는 이들을 치료하는 방법으로 건강한 공동체를 만들 수 있다고 말합니다. 동물과 식물 등 자연과의 깊은 교감을 통해 문제를 치유할 수 있다는 거죠. 이들은 죄수, 알코올 중독자, 우울증을 앓는 사람 등을 만나 식물과 먹거리를 기르는 법, 요리하는 법을 함께 배우도록 유도합니다.

여러 사람이 원형으로 둘러앉아, 각자의 가슴이 지금 무엇을 느끼고 있는지 끌어낼 수 있도록 돕는 방식으로 접근하지요. 원 안에서 사람들은 사회에서 요구되었던 나, 완벽

해야만 했던 나를 내려놓습니다. 이런 과정에서 사람들은 가슴 깊은 곳에 있던 진실한 이야기를 길어올리곤 합니다.

이렇게 둥글게 앉아 이야기를 나누는 방식인 '서클circle'은 아주 오래전부터 조상들이 불가에 둘러앉아 이야기를 나누던 방식입니다. 인류학자나 심리학자는 서클이 심리적 치유에 강력한 도움이 된다는 사실을 발견했습니다. 특히 심리학자들은 서클을 치유 방법으로 도입했고 참여한 사람들이 내면의 아픔을 빠르게 치유하는 걸 보았습니다.

그런데 주로 대도시에서 행해지는 이런 치유법은 아이러니하게도 대부분의 생태마을 사람들이라면 날마다 다 함께 모여 하는 일상적인 행위라는 겁니다. 테라피스트들이 스스로 인지하는지 모르겠지만, 이 방법은 사실 사람들을 생태적인 삶으로 전환시키기 위해 필요한 대화와 소통 방식입니다. 극단적인 개인주의 사회에서 병든 사람을 치유하려면, '공동체 의식'이 회복되어야 함을 많은 사람들이 느끼고 있다는 증거가 아닐까 싶어요. 더 깊은 차원에서 보면 테라피스트의 치유법과 생태마을의 소통법은 생태·정신적인 차원에서 모든 존재가 연결된 삶, 생명의 하나됨을 회복하기 위한 과정입니다.

그러나 평범한 많은 사람들이 이런 치유 방법을 알고 또

받기란 쉽지 않아요. 비용도 만만치 않습니다. 이런 치유 방법이 대중에게 더 널리 적용되려면 사회적인 변화가 필요합니다. 제가 제안하고 싶은 방법은 현재 기술, 에너지에만 몰리는 국가 보조금을 사람들을 치유하는 데 사용하는 것입니다. 많은 사람이 치유받을 수 있도록 사회적으로 이를 지지하는 것이지요. 전일적 관점에서 이런 생태적 치유를 진행할 수 있는 기관을 지역마다 세우길 바랍니다. 이것은 모두를 위해 꼭 필요한 일입니다. 앞으로 청년들이 이와 연결된 일을 해나갈 수 있으면 좋겠습니다.

✴

미래는 우리 안에

다른 주제에 대해서도 이야기를 나누고 싶습니다. 선생님께서 쓰신 『오래된 미래』라는 책이 20여 년 동안 유독 한국 사람들에게 많은 사랑을 받은 이유를 곰곰이 생각해보았습니다. 생태마을을 여행하며 관찰한 결과, 이른바 북반구에서 새로운 문화를 만들어내는 사람들은 그들의 길을 아시아의 철학과 전통 부족의 지혜에서 찾고 있었습니다. 하지만 어렸을 때 제가 받은 교육의 대부분은 제가 사는 땅, 즉 남반구의 지혜를 무시하게 했고 북반구인 서구 세계를 동경하게 했습니다.

선생님은 서구에서 태어나셨지만 선생님의 이야기 속

에서 제 몸이 뿌리를 내린 아시아의 지혜가 느껴집니다. 또한 제가 의식적으로 무시했지만 제 가슴이 동경하는 어떤 곳, 한 번도 가보지 않은 '고향' 같은 곳을 느끼곤 합니다. 개인적으로 이런 이유로 한국 사람들이 지속적으로 선생님의 책을 찾는 것이 아닌가 싶습니다. 선생님은 어떻게 생각하시나요?

≋

그렇게 여겨준다니 마음 깊이 고맙습니다. 좋은 질문입니다. 『오래된 미래』라는 책을 쓰기 시작했을 때 저는 혼자였지만 책을 완성하기까지 정말 많은 사람이 도와주었고, 특히 아시아 사람들이 많은 영감을 주었지요. 저는 이 사실을 굉장히 영광스럽게 생각합니다.

저는 어린 시절, 스웨덴의 한 도서관에서 괴테를 읽었습니다. 괴테를 공부하면서 이 사람은 서구 사회에서 전일적 사고를 가장 잘하는 사람이라고 느꼈습니다. 괴테를 시작으로 불교와 동양 사상에 관련된 책을 찾아 읽었고 어린 나이였지만 큰 감동을 받았지요. 1970년대 라다크에 초대받기 전까지 아시아 땅을 밟으리라고는 상상조차 하지 않았지만, 실제로 방문한 이후 라다크는 저에게 평생 '마음의 고향'이 되어주었습니다.

라다크 사람들은 전일적 사고를 삶으로 살아냈고, 상호 의존하는 관계적 존재였습니다. '고립'이라는 단어 자체가 없었던 것처럼 그런 감정도 느낄 수 없던 곳이었죠. 동시에 저는 그곳이 다시는 보고 싶지 않은 모습으로 변화하는 것 역시 마주해야 했습니다.

하지만 이 모든 과정에도 불구하고 아시아 사람들은 서구 사람들이 잊어버린, 우인이 말한 고향의 기억을 가슴 깊은 곳에 품고 있다는 사실을 발견했어요. 서구 사람들도 자신들이 그리던 '고향의 추억'을 다시 불러오기 위해 노력했습니다. 그 결과 오래된 '철학'까지는 가져올 수 있었지만, 안타깝게도 그 '실체'를 가져오지는 못했습니다.

서구 사람들은 실제 삶 속에서 생명이 상호 의존하는 삶의 중요성을 인지할 수는 있었지만, 그 구조를 실제로 구현하기는 어려웠습니다. 그러곤 질문을 시작했지요. '우리는 어떻게 살아야 하지, 어떻게 집을 지어야 하지, 어떻게 길을 내야 하지, 어떻게 기술을 발전시킬 수 있지?' 결국 그들은 방법을 찾기 위해 돈을 쓰기 시작했고, 완전히 길을 잃고 맙니다. 그리고 이런 일이 한국 사회에서도 똑같이 벌어지고 있어 걱정스럽습니다.

'성장'이라는 가치가 한국 사람들을 땅에서 몰아내고 도시로 밀어넣었습니다. 그럼에도 불구하고 영국이나 미국에서 사는 사람들보다 한국인들의 가슴 속에는 자연과 사람이 조화롭게 살던 많은 기억이 남아 있었습니다. 그리고 그 기억은 라다크 사람들의 삶과 무척 닮았을 거라고 생각합니다. 20년 전에 『오래된 미래』를 읽었던 미국이나 영국 사람들에게는 이미 너무 오래전 잃어버린 고향에 대한 글이 어렵게 다가왔을 거예요. 하지만 제가 만난 한국 사람들은 사람과 사람, 사람과 자연이 어떻게 더불어 살아가야 하는지 그 방법을 알고 있었습니다.

그동안 저는 전 세계를 다니고 많은 사람을 만나며, 아시아의 철학이 서구의 철학보다 훨씬 더 낫다고 생각했던 때도 있습니다. 그러나 모든 경험의 끝에서 돌아보니, 아시아와 서구의 구분을 넘어 결국은 세상을 하나로 연결된 존재로 바라볼 수 있는 전일적 세계관이 무엇보다 필요하다고 느낄 뿐입니다.

저는 전일적 세계관 속에서 실제 삶은 어떠해야 하는지 고민했고 사람의 삶을 둘러싼 전체 구조 속에서 개인과 공동체를 보기 시작했습니다. 이 세계관은 제가 실제 세계에서는 어떻게 살아가야 하는지, 그 '실체'로 다가가게 해주었습니다. 어떻게 나는 흙과 자연과 나무와 가까운 삶을 살 수 있는지, 어떻게 관계적 존재로 나아갈 수 있는지 말입니다. 전일적 세계관을 통해 세계의 커다란 시스템 속에 있는 저 자신, 저를 둘러싼 공동체, 지역, 국가를 이해하기 시작했고 현대 사회의 구조적인 문제를 풀어나가는 것이 제 소명처럼 느껴졌습니다.

저는 여기서 현대 사회를 사는 사람들에게 영성적인 삶을 살아간다는 것이 어떤 의미인지 얘기해보고 싶어요. 힌두교, 불교, 기독교의 영적인 스승들, 이들의 모든 가르침은 여러 세대가 공동체 안에서 함께 사는 삶, 자연과 깊게 연결된 삶을 말합니다. 이런 삶을 함께 살아가는 자체가 영적인 가르침을 살아가는 것이지요.

이 가르침을 깊이 이해하려면 기억해야 합니다. 자연과 가까이, 자연 속에서 사는 것이 바로 스승들이 안내하는 영적인 삶을 실천하는 방법이라는 것을요. 그래서 결국 공동체, 생태, 영성이라는 낱말을 하나로 볼 수 있어야 합니다. 다른 말로 하면 세상을 바라보는 눈인 세계관과 실제 세계에서 어떻게 살 것인가의 문제, 이 모든 것이 하나라는 걸 깨달아야 한다는 거예요. 생태마을은 바로 전일적 세계관을 행동하는 살아 있는 현장입니다.

고향이 제 가슴 속에, 기억 속에 살아 있다는 말씀에서 정말 큰 위안을 받습니다. 선생님께서 말씀하시는 '오래된 미래'는 시간을 단순히 과거, 현재, 미래로 구분 지어 인식하는 선형적 사고linear thinking를 넘어, 세상을 하나의 연결된 원으로 인식하는 것에서 출발한다는 것을 알았습니다. 그렇게 보면 과거와 미래는 물론이고 여성과 남성, 사람과 자연, 나아가 국가와 국가의 경계도 하나로 이어지겠지요. 고향을 찾기 위해서는 세상을 하나의 연결된 존재로 바라볼 수 있는 세계관이 가장 밑바탕에 있어야 한다는 것, 그리고 결국 생태, 영성, 공동체는 하나라는 이야기가 마음 깊이 와닿습니다.

선생님께서 최근 몇 년 동안 꾸준히 한국을 방문하시면서 느낀 점이 많으신 것 같습니다. 한국 사람들이 '고향'이자 '오래된 미래'를 찾는 여정에 꼭 필요한 이야기를 해주시면 좋겠습니다.

≋≋≋

많은 한국 사람들을 만나며 이들이 전형적인 서구 사람들보다 전일적 사고를 한다고 느꼈습니다. 공동체, 자연과 깊이 연결되어 있다고도 느꼈고요. 생태마을에서 말하는 여성성을 가슴으로 이해하는 점도 두드러집니다.

하지만 한국 사회는 성장이라는 이름 아래 미국을 따라 빠른 속도로 사람들을 밀어붙였습니다. 사람들을 기술 경제 속으로 밀어넣었죠. 기술 경제는 한국 사회에서 유래없이 빠른 속도로 퍼져나갔습니다. 이제 한국인들은 스마트폰, 아이패드, 컴퓨터 등 스스로 조절할 수 없는 거대한 기술 시스템 속에 자신이 놓여 있다는 사실도 인지하지 못하는 듯합니다. 지금 주변에서 벌어지는 기술 경제 문제가 자신과는 무관하다고 생각하는 것 같아요.

사람들은 종종 인터넷을 '가이아의 뇌Gaia's brain'라고 표현합니다. 이것은 정말 무지한 생각입니다. 가이아의 뇌는 모든 잎사귀 속에, 모든 지렁이 속에, 모든 바위 속에 있습니다. 우리는 이들 속에서 겸손하고 지혜롭게 사는 법을 배웁니다. 인터넷을 통해 모든 것을 알 수 있다는 태도는 오만하고 순진한 생각에서 나옵니다. 우리가 어디서든 인터넷 검색으로 토양을 배우고, 자연을 배울 수 있다고 생각한다면 이것은 정말 잘못된 생각입니다.

순수한 지성은 실제 경험을 통해 체화할 때 진정으로 배울 수 있습니다. 나무의 냄새를 맡고 나뭇잎을 만지고 서로 다른 잎사귀의 독특함을 인지하면서 우리는 자연과 친밀함을 느끼게 됩니다. 인터넷은 이것으로부터 우리를 멀어지게 하는 것이 사실입니다. 인터넷 경제는 모든 것의 속도를 빠르게 합니다. 사람과의 관계를 빠르게 형성하도록 만들지만, 결국 표면적인 관계만 맺게 합니다.

제가 스웨덴에 살았을 때도 그랬습니다. 기술 발전과 함께 사람들은 어떻게 하면 좋은 옷이나 좋은 차를 가질까에 온통 관심을 기울였어요. 친절하고, 지혜롭고, 현명하고, 유머가 있는 사람이 되는 중요한 일에는 신경조차 쓰지 않게 되었죠. 한국 사람들에게 말하고 싶은 것은 정말로 기술을 조심스럽게 바라볼 수 있어야 한다는 겁니다.

기술의 진짜 목적이 무엇인지 생각하며 인문적·생태적인 관점에서 기술을 적용하고 올바르게 사용할 수 있어야 합니다. 기술을 적용할 때도 기술과 기술을 운용하는 자본의 노예가 되어서는 안 됩니다. 로봇이 우리를 눈먼 길blind course로 이끌게 해서는 안 됩니다. 이런 시대일수록 우리는 오히려 몸의 감각을 사용하는 방법을 찾아야 해요. 사람과 자연의 섬세한 욕구를 예민하게 관찰하고 생활에 반영할 수 있어야 합니다.

지구 어머니의 말

가이아인 지구의 뇌는 인터넷 속을 떠도는 정보가 아니라 실제 감각을 통해서 배울 수 있다고 하신 말씀을 되새겨 봅니다. 선생님은 늘 자연과 가까이 연결된 삶을 살아오셨지요. 지구 어머니, 가이아는 평생 선생님께 어떤 이야기를 하셨나요?

≈≈≈

지구 어머니는 제게 이런 이야기를 들려주셨습니다. '내게 더 가까이 다가가서 나를 이해하고, 내게 더 가까이 다가와서 내 목소리를 들어봐라. 너의 눈으로, 너의 귀로, 너의 손으로, 자연을 느끼며 내가 누구인지 이해해보라'고 말입니다. '사람, 동물, 풀, 나무와 서로 협업해서, 더 가깝게, 더 느리게, 더 작게 건강한 삶을 가꾸어보라'고도 하셨죠.

지구 어머니는 끊임없이 다정하게 우리에게 이야기하고 계십니다. 하지만 우리는 그 말을 듣지 않았고, 지구의 건강이 곧 우리의 건강과 직결되어 있다는 진실을 무시한 채, 거대한 기술 경제와 물질 문명을 만들어냈습니다. 우리에게 닥친 정신적 불행, 질병, 폭력은 결국 우리 스스로 만든 결과물 가운데 하나입니다.

저는 아주 어린 시절부터 자연 가까이에 살면서 지구 어머니의 목소리를 자연스럽게 들었습니다. 자연 속에 있으면 제 존재 자체로 사랑받는 것이 느껴졌고 무한한 행복이 솟아올랐지요. 하지만 어떤 어른들은 제게 "이 새의 이름은 무엇이다, 저 식물의 이름은 무엇이다"라고 알려주더군요. 어린 나이였지만 저는 사람들이 자연에 이름을 붙이는 게 무척 불편했습니다. 한참 뒤 자연에 이름 붙이는 건 무언가를 과시하는 문화에서 왔음을 깨달았지요.

많은 사람들이 자연에 이름을 붙이고 그것을 사진으로 찍기 시작했습니다. 제가 라다크에 있을 때 내셔널지오그래픽에서 일하는 사람들이 끊임없이 사진을 찍더군요. 저는 어느 순간 이런 행위가 지구 어머니를 하나의 오브제, 우리가 만질 수 있을 것만 같은 작은 오브제로 축소시키고 있음을 깨달았습니다. 이런 방식의 왜곡된 접근이 우리 문화 속에 아주 자연스럽게 산재합니다.

하지만 저는 어른이 되어서도 어려움이 있을 때마다 자연을 찾아갔고 지구 어머니의 목소리를 들었습니다. 제 인생 여정을 통해 지구는 우리의 생각 이상으로 아주 강하다는 것을 확신하게 되었죠. 최근에는 지구 어머니의 힘이 점점 더 강해진다고 느낍니다. 더 많은 사람들이 같은 것을 느끼고 있을 거예요.

선생님께서 지역화 운동을 하신 지 벌써 50년 가까이 되었습니다. 저 역시 일이 작든 크든, 선생님처럼 이 세계를 선한 방향으로 변화시키는 일을 하고 싶다는 꿈을 꾸게 됩니다. 긴 시간 동안 선생님께도 말로 다 표현할 수 없는 어려움이 있으셨을 텐데, 평생에 걸쳐 어떻게 이 일을 지속하실 수 있었는지, 그 힘은 어디서 왔는지 궁금합니다. 또한 미래에 대해 어떻게 전망하고 계신지도 듣고 싶습니다.

≈

제가 오랫동안 일을 할 수 있던 가장 큰 이유는 제가 만난 사람들 덕분입니다. 지역화 운동을 하면서 전 세계적으로 사회 밑바닥에서부터 풀뿌리 운동을 하는 사람들과 긴밀하게 연결되었죠. 언젠가 제가 만난 사람들의 이야기를 책으로 쓰고 싶습니다.

서구 사람들이 가난하고 불행하다고 생각한 아시아의 작은 마을, 라다크가 제 관점에서는 서구 사회보다 훨씬 더 풍요로웠다는 사실을 평생 알리고 싶었습니다. 세상을 돌아다니면서 생태마을, 퍼머컬쳐, 농부시장, 로컬푸드 등 자신이 사는 땅에서 이런 일들을 주도하는 선구자들이 많다는 사실을 알게 되었고, 이들은 제가 전하는 메시지가 정말 중요하다는 것도 알려주었습니다.

제가 만난 이들은 주류 사회가 가하는 심리적인 압박에서 벗어나 당당하게 '이런 삶은 옳지 않다'라고 말했고, 자신의 가슴과 몸의 소리에 더 귀 기울이며 그들만의 삶을 적극적으로 찾고 헤쳐나갔습니다. 이들은 누구보다 건강하고, 행복하고, 당당하고, 자신감이 넘쳤습니다. 일상 속에서 자연과 깊이 교감하며 자연으로부터 답을 얻고 그것을 행동에 옮겼습니다. 저는 이런 이들과 연결되어 있다는 그 자체만으로 큰 기쁨을 누렸고, 덕분에 평생 이 일을 이어갈 수 있었습니다.

저는 어느 때보다 지금 이 시기를 낙관적으로 바라봅니다. 20년 전만 해도 세계는 소비주의 속에서 허덕거렸지만, 그사이 사람들의 의식은 변화했고 코로나 바이러스는 변화의 속도를 높였습니다.

오랜 시간 남편은 뒤에서 제 일을 누구보다 적극적으로 지지해주었습니다. 그는 저를 돕기 위해 변호사 일도 포기했지요. 우리는 경제적 어려움도 겪었지만 함께 헤쳐나갔습니다. 제가 지쳐 있을 때면 그는 저에게 "쉬엄쉬엄해. 우리가 세상을 바꾸지는 못할 테니까"라며 위로를 건넸습니다. 하지만 이제는 남편도 세계가 변화하는 모습을 보면서 "이 세상이 진실로 변하기 좋은 때는 바로 지금인 것 같아"라는 말을 합니다. 우리 둘 다 그 변화의 떨림을 느끼며 기대에 찬 눈으로 세상을 바라보고 있습니다.

✳

방황해도 좋은 세상

　헬레나와 이야기를 나누는 동안, 겨우내 침울한 내 몸 안으로 풀내음 머금은 싱그러운 울림이 퍼져나갔다. 처음 헬레나를 만났을 때 그는 이성적이고 논리적인 사람처럼 보였다. 그러나 몇 차례 이야기를 나누며 그의 차가운 이성을 움직이는 원동력은 모든 생명을 향한 따뜻한 애정이라는 것을 느낄 수 있었다. 그의 눈은 남반구와 북반구로 나뉜 세계를 넘어서 지구를 하나의 연결된 생명체로 보고 있었고, 다정하지만 강한 지구 어머니의 눈빛을 하고 있었다.

　헬레나와 인터뷰가 끝난 그날 밤 꿈을 꾸었다. 꿈속에서 어린시절 즐겨 불렀지만 어느덧 다 커버린 뒤로는 한 번도 떠올리지 않았던 노래, '고향의 봄'이 울려퍼졌다. 꿈에서 깨어난 뒤에도 노래는 계속 머릿속을 맴돌았다. 노래를 타고 문득 내가 살았던 작은 시골 마을의 추억 하나가 실려왔다.

나는 어린 시절부터 길을 잘 잃었다. 초등학교 1학년 어느 날, 하교 후 집에 갔는데 엄마가 없고 문은 잠겨 있었다. 엄마가 이웃 마을에 간다고 했던 이야기가 생각났다. 작은 내 걸음으로 두 시간이 훌쩍 넘는 거리에 있는 곳이었다. 학교 끝나면 친구 집에 가 있으라는 엄마의 당부를 그만 잊어버리고, 엄마를 찾아 길을 떠났다. 다리가 아플 만큼 걷고 또 걷다가 결국 길을 잃어버려 혼자 엉엉 울면서 길바닥에 서 있었다.

때마침 지나가던 아주머니가 울던 나를 당신의 집으로 데려가 방 아랫목에 앉히고 따뜻한 밥을 내주셨다. 작은 구멍가게를 하는 분이셨다. 날이 저물어서야 부모님이 찾아왔고, 나는 엄마 아빠의 손을 잡고 어둑어둑해지는 길을 걸어 집으로 돌아왔다.

지금 생각해보면 길 잃은 나를 도와주신 아주머니는 많이 배우신 것도 아니고 돈도 많지 않으셨을 테지만 우는 아이를 그냥 지나치지 못하는 귀한 마음을 지니고 계셨다.

헬레나가 만난 라다크 사람들처럼 따뜻한 영혼을 지닌 오래된 미래에 어울리는 분이었다. 어린 시절 아주 운이 좋게도 한국이라는 땅의 오래된 미래, 그 끝자락을 만났었다는 사실이 새삼스레 감사했다.

그러면서 내가 이토록 오랜 시간 누가 시키지도 않았는데, 그렇게 미친 사람처럼 세계의 생태마을을 찾아다녔는지 깨달았다. 생태마을은 어린 시절 내가 자란 땅, 가슴 속 고향, 오래된 미래와 닮아 있었다.

한국이라는 나라를 살아가는 이 시대 청년, 사람들에게 닥친 가장 큰 비극은 길을 잃는 걸 비정상으로 보고, 그런 사람을 사회에 적응하지 못하는 사람으로 여긴다는 것이다. 길을 잃어도 괜찮다고 말해줄 사람, 길을 잃어도 집으로 데려다줄 마음 따뜻한 사람이 드문 세상이다. 그 속에서 느껴지는 사회적 긴장감, 고립감, 분리감이 짙은 안개처럼 이 땅을 자욱이 덮고 있다.

나는 먼 길을 떠났다가 다시 돌아왔지만 여전히 현실을 잘 모르는 몽상가이고 이상주의자일지도 모른다. 고통받는 이 지구 위로 봄이 오면 꽃이 피어나듯, 어떤 꿈들이 이 시대의 그림자를 보드랍게 뚫고 내 가슴 속에 한없이 솟아오른다. 내가 만나는 학생들이, 청년들이, 친구들이 이 세계 어느 곳에 있든지, 마음껏 길을 잃어도 집을 찾을 수 있는 세상이 오면 좋겠다는 꿈 말이다.

기후 위기를 넘어 기후비상시대 속에서 많은 생명이 사라지는 지금, 실은 우리가 집을 찾아 길을 떠날 수 있는 시간이 얼마나 남았는지 알 수 없다. 그러나 이 모든 걱정에도 불구하고 진짜 우리가 찾고 있는 집, 오래된 미래로 향하는 여정을 멈추지 않으면 좋겠다.

헬레나 노르베리 호지

Helena Norberg-Hodge

스웨덴 출신의 언어학자이자 환경 운동가이다. 1975년부터 '작은 티베트'라고 부르는 라다크에서 사람들과 함께 살며 서구식 개발 속에서 이들의 전통적인 삶과 환경이 파괴되는 과정을 그의 저서 『오래된 미래』에 기록했다. 또한 이 일을 세상에 알리고 라다크의 전통 가치를 복원하는 일에 꾸준히 힘써 왔다. 그 노력을 인정받아 '제2의 노벨상'이라는 바른생활상Right Livelihood Award을 수상했다.

이후 글로벌 경제와 국제 개발이 지역 사회와 경제, 개인의 정체성에 미치는 영향을 분석했고, 이런 문제에 대한 해결책으로 '지역화'를 주장하고 실천했다. 『행복의 경제학』, 『로컬의 미래』 등 관련 서적을 출간하고, 다큐멘터리 영화 〈행복의 경제학〉을 공동 감독으로 제작했다.

미국과 유럽, 호주 등에서 지역 경제 활동을 이끌었으며, 국제미래식량농업위원회, 국제세계화포럼, 세계생태마을네트워크 창립에 앞장섰다. 국제 조직인 로컬 퓨처스Local Futures와 국제지역화연합IAL을 설립했고 현재 대표를 맡고 있다. 한국 전주에서 매해 열리는 '행복의 경제학 국제회의'에 함께하며 공동체와 로컬 경제의 지속가능한 미래에 대해 알려왔다.

2020년, 6월 21일을 세계 지역화의 날World Localization Day로 정하여, 해마다 지역화의 가치를 전 세계에 알리고 있다.

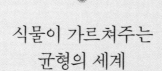

식물이 가르쳐주는
균형의 세계

식물 치유자·교육가

엠마 패럴
Emma Farrell

✳

기후비상시대, 새로운 배움

식물과 교감하는 세계에 관심을 두기 시작한 건 대학생이었던 2007년, 스코틀랜드 북동부의 핀드혼 생태마을에 다녀오면서부터다. 이곳은 인도의 오로빌Auroville과 함께 전 세계에 가장 잘 알려진 생태마을로, 평범한 영국인 세 사람이 식물 정령과 교감하며 척박한 모래땅 위에 놀라운 정원을 만든 곳이다. 한때 황무지에 가까웠다는 사실이 믿기지 않을 정도로 눈부시게 아름다운 핀드혼의 자연을 보며 나는 그만 넋을 잃고 말았다. 이후 몇 차례 핀드혼을 방문하며, 마을 사람들에게 종종 꽃과 나무와 교감하는 법을 배우곤 했다.

이들이 식물과 교감하는 대단하고 특별한 방법은 없었다. 농사를 지으며 숲과 바다를 산책하고 고요한 상태로 자연 속에서 많은 시간을 보내는 것이 핵심이었다. 나도 마을 선생님들을 따라 사람 발길이 닿지 않는 깊은 자연 속에서 명상을 했다. 오감을 사용해 식물을 보고, 듣고, 맛보고, 만지고, 냄새를 맡았다. 음악, 춤, 요가 등을 통해 평소 잘 사용하지 않는 감각과 직관을 깨우기도 했다.

프로그램을 한두 번 듣는다고 당장 뭔가 뚜렷한 느낌이 온 것은 아니지만, 경험과 시간이 쌓일수록 마치 숲에 있을 때처럼 맑고 평화로운 에너지가 흘러들었다. 가슴이 활짝 열리고 몸에는 생기가 넘쳐나는 것을 느낄 수 있었다.

핀드혼뿐만 아니라 내가 다녀온 여러 생태마을에서는 이미 몇십 년 전부터 식물이나 동물과 교감하는 다양한 연구와 교육이 이루어지고 있었다. 이탈리아 다마눌에서는 식물의 잎과 뿌리 사이에 흐르는 저전압 전류를 신시사이저에 송신하는 장치를 이용해서 식물 음악회를 열었고, 포르투갈 타메라Tamera에서는 야생말과 교감하는 수업을 진행했다.

호기심이 무척 많았던 내게 이런 경험은 낯설지만 신비로웠다. 처음에는 그저 경험 삼아 프로그램에 참여했지만 시간이 지나면서 점점 '자연 교육', '자연 치유', '자연과 교감하는 정원 가꾸기' 등의 분야에 대한 서적을 공부하고 번역 일도 맡게 되었다. 경험과 지식을 모으며 어느새 내가 자연과 사람의 관계를 이전과는 다른 방식으로 인지하게 되었음을 깨달았다. 이런 소중한 경험을 사랑하는 이들과 나누고 싶어 수업 시간에 종종 학생들과도 자연과 교감하는 수업을 진행했다.

그러던 어느 날, '한국고기없는월요일Meat Free Monday Korea' 대표이신 이현주 한약사를 학교에 강사로 모셨다. 사티시 쿠마르 덕분에 인연을 맺은 분으로 기후 위기 시대, 채식이 갖는 의미를 전 세계 사람들에게 알리고 계셨다.

봄날 아침, 함께 교정을 걸으며 우리는 하늘을 향해 눈부시게 피어난 연둣빛 새순에서 눈을 떼지 못했다. 여러 주제로 서로의 경험과 생각을 나누던 가운데 절박한 기후 위기 시대, 교육은 앞으로 어떻게 흘러가야 할지에 관한 이야기가 나왔다. 이현주 님은 이렇게 말했다.

"점점 더 지식을 가르치는 일은 중요해지지 않을 거예요. 기후 위기 시대에는 인공지능이 대체할 수 없는 사람의 오감을 살려 자연과 교감할 수 있는 사람들이 더 많이 필요해질 거라고 생각해요. 가슴으로 깊이 자연과 연결된 이들은 새로운 상상과 내면의 지혜로 병든 자연과 사람을 치유하고, 기후 위기를 해결하는 일에 앞장서게 될 겁니다."

또한 농사를 가르치는 풀무학교에서는 더욱 생태 교육이 필요하다는 말을 남기셨다. 그간 생태마을과 해외 대안 교육 기관에서 내가 경험한 배움이 중요한 의미를 지니고 있으니, 자신감 있게 그것을 사람들과 나누는 교사가 되어야 한다고도 하셨다.

내가 일하는 풀무학교는 대안 학교는 아니지만, 입시 교육을 지향하는 일반 학교도 아니다. 덕분에 교사로서 다양한 교육을 시도해볼 수 있었고, 서로의 활동을 지지하는 동료 교사들로부터도 많은 응원도 받았다. 풀무학교에서 일하기 전에 서울과 경기도의 인문계 학교에서 강사를 한 적도 있었는데, 일반 학교의 교육 현장은 그야말로 입시 교육 중심의 경쟁을 뼛속까지 체화시키는 곳임을 절감했다. 현장에서 일하는 많은 교사분들도 그것을 알고 있었다. 치열한 생존 경쟁적 교육 환경에 무감각하거나 그것이 어쩔 수 없는 현실이라고 생각하는 분들도 계셨지만, 그 속에서 나름대로 다른 의미를 찾아 고군분투하는 분들도 많았다.

최근 교육청에서 주관하는 교사 연수에서 대학을 잘 보내기로 유명한 교사의 강의를 들었다. 이른바 좋은 대학교에 간 학생들의 생활기록부 글자 수와 내용을 통계 자료로 정리한 화면을 한 시간 동안 물끄러미 쳐다보았다. 그동안 한국 교육도 많이 달라졌다고들 했지만, 입시라는 현실 앞에서 여전한 벽을 실감하고 다시 무력감을 느꼈던 시간이었다. 그리고 나에게 경쟁으로 단단하게 굳어진 한국의 교육 현장을 뚫고 나갈 힘이 있는지 반문하였다.

현실의 입시 교육과 내가 지향하는 자연과 교감하는 교육이 같은 세계에서 공존하기란 너무나 어려워만 보였다. 교육만의 문제가 아니라 삶을 둘러싼 전방위적인 차원에서 두 교육은 다른 방향을 향하고 있었다. 참으로 막막한 현실 앞에서 나는 한없이 작아졌고, 용기는 바닥으로 가라앉았다. 그런데 이때, 프랑스 농부 철학자 피에르 라비Pierre Rabhi 가 어느 인터뷰에서 한 말이 머릿속에 들려왔다.

"세계에 퍼지는 수많은 루머나 뉴스는 우리가 얼마나 무기력한지 상기시켜줍니다. 지구라는 거대한 오아시스는 사람의 몸, 마음, 정신에 기쁨을 주기로 약속했지만 정작 우리는 마지막 물고기, 마지막 나무가 남을 때까지 이곳을 학살의 들판으로 만들고 있습니다. 이 시대, 정신의 깨어남은 정치적 성향과 상관없이 한 사람, 한 사람을 목표로 하고 있습니다. 우리는 자기 자신에게 진정으로 물어볼 수 있어야 합니다. '나는 무엇을 할 수 있을까?' 그리고 그것을 행동해야 합니다."

이 말을 떠올리며, 대단한 재능도 재력도 없는 나를 붙들고 다시 진지하게 물어봐야만 했다. '나는 무엇을 할 수 있을까?' '적어도 나라는 한 사람은 무엇을 할 수 있을까?' 며칠 동안 질문 속에 머무르며, 어쩌면 지금까지 조금씩이나마 배웠던 것들을 이제는 더 깊이 연마할 때가 왔다는 느낌이 들었다. 그러기 위해 가장 먼저 할 일은, 그동안의 배움을 단단히 내 속에 뿌리내리는 일이었다. 새로운 배움과 행동이 필요했다.

마침, 한약사 님이 식물과 교감하는 법을 가르치고 연구하는 분들을 소개해주었다. 나는 새로운 배움에 대한 설렘을 안고서 엠마 패럴Emma Farrell과 데이비드 패럴Davyd Farrell을 만나기 위해 영국 웨일스 지역의 숲속으로 향했다.

✳

내면을 돌보는 일은
왜 중요한가?

식물 의식Plant Consciousness을 연구하는 엠마와 데이비드 부부는 30대의 젊은 나이에 중동에서 사업가로 성공하여 큰돈을 벌었다고 한다. 그런데 엠마는 원인을 알 수 없는 우울증에 오랫동안 시달렸고, 더는 돈을 위해 달려가는 삶이 의미가 없다는 걸 깨닫는다. 그러면서 부부는 새로운 삶의 여정을 떠난다. 전 세계를 다니며 티베트 불교, 요가, 케추아 샤머니즘, 풍수지리 등등을 공부한 것이다. 여러 공부를 통해 엠마는 자신의 우울증이 자신의 내면이 아닌 어머니에게서 왔다는 사실을 발견하고, 여러 훈련을 통해 그것을 치유하게 된다. 데이비드는 삶의 동반자로 엠마의 여정을 지지하고 동행했다.

이들은 치유 여정을 끝내고 자신들이 배운 것을 고향인 영국으로 돌아와 다른 사람들과 나누고 싶다는 생각을 하게 된다. 그때 식물을 통해 사람들의 마음과 몸을 치유하는 연구를 해보라는 제안을 받는다. 둘은 영국의 자생 식물을 연구하고, 영국인들의 정신세계에 깊이 뿌리를 내린 켈트족의 영성 훈련과 관련된 고서들을 번역하기 시작한다.

그들은 자신들이 받은 여러 훈련을 바탕으로 식물을 통해 사람의 몸과 마음을 치유하는 프로그램을 개발했다. 나아가 식물 의식을 주제로 전 세계에 있는 연구자, 사상가, 교육자를 대상으로 런던에서 몇 차례 대규모 콘퍼런스를 열었다. 이를 통해 엠마와 데이비드의 활동은 영국 사회에서 화제가 되었다. 이후 그들은 더 깊은 차원에서 식물을 연구하기 위해, 웨일스 중부에 있는 깊은 시골로 들어가 교육 활동을 펼치고 있다.

2010년 무렵 20대 중반의 나이로 한국에서 명상 강사로 활동하던 시절, 사실 나는 내가 하는 일을 숨기려고 했다. 당시만 해도 한국에서 명상이나 영성을 이야기하는 것은 낯선 일이었고, 나를 특이한 종교에 빠져 있는 사람으로 오해하는 시선도 있었다. 그러나 물질주의의 한계를 먼저 맛본 많은 유럽 친구들은 내가 명상 강사라는 사실에 큰 흥미를 보이거나 오히려 유행을 주도하는 트렌디한 사람으로 여기기도 했다. 10년의 시간이 지나며 한국 사회는 변했고, 이제 영성과 명상이라는 단어는 대중 매체에서도 흔하게 쓰이는 말이 되었다.

하지만 나는 '영성spirituality'이라는 단어가 이 시대 중요한 의미를 지니고 있기 때문에, 무분별하게 사용되는 것을 조심스럽게 생각한다. 특히 유명한 영성 프로그램을 쫓아다니는, '영성 쇼핑'에 가까운 흐름을 무척 경계하는 편이다. 전 세계를 찾아다니며 유명한 영성 지도자의 프로그램을 들었다 자랑하고, 마치 자신도 대단한 영성가인양 이야기하는 사람을 만난 적도 있다. 슬프게도 이런 프로그램에 참여할 수 있는 수혜자들은 경제적·심리적 여유가 있는 사람들이 대부분이다.

나 역시 한동안 여러 프로그램을 찾아다니며 마음이 붕 뜬 시절이 있었다. 그런 나 자신을 발견하고는 현실에 발을 딛고자 한동안 관련된 모든 행위를 멈추기도 했다.

일련의 과정을 거치면서 진짜 영성은 특별하거나 대단한 행위에서 나오는 것이 아니라 일상과 아주 밀접하게 붙어 있다는 걸 알았다. 특히 생태마을에 사는 사람들을 만나면서 더욱 확신이 들었다. 이들은 들판에 피어난 작은 꽃 한 송이, 땅속 작은 벌레를 귀하게 대했고, 매일의 평범한 노동을 신성한 행위로 여겼다. 동물, 식물, 사람의 평화로운 관계 속에서 밥상을 차려냈고, 바쁜 일상에서 고요히 자기 내면과 다른 이들의 내면을 함께 돌볼 줄 알았다. 생태마을 사람들에게는 이런 삶 자체가 영성이었다. 이들은 영성을 마음이나 생각에만 국한하는 것이 아니라 구체적인 행위로 연결시켰다.

영성은 '숨'을 뜻하는 라틴어 스피리투스spiritus에서 나왔다. 영성이라는 건 어쩌면 매일매일 숨을 쉬는 일상적인 행위이다. 영성은 어떤 특별한 존재만 느낄 수 있는 것이 아니라 공기처럼 존재하며 서로를 연결하는 것이다. 하지만 사람과 사람, 자연과 사람이 어긋난 이 사회 속에서 영성 역시 우리와 멀어지고 말았다.

많은 이들이 평범한 일상에서 저마다의 생명이 지닌 고유한 리듬, 커다란 생명의 숨결에 따라 숨을 내쉬는 법, 자기 내면을 돌보는 능력, 모든 것이 하나로 연결되어 있음을 느끼는 종교적 감수성을 잊어버렸다. 그러고는 마음과 몸 여기저기에 병을 앓는다. 다행히 이런 사실을 알아차린 많은 사람들이 명상, 영성 훈련, 자연 치유 등을 통해 잊어버린 영성을 깨우고자 나서고 있다.

한동안 나는 영성 훈련이 분명 의미가 있지만 지극히 사적인 영역이라고 생각한 때도 있었다. 누군가에게 권하거나 알리면서 괜한 오해를 받을 걱정도 하기 싫었다. 그저 관심 있는 소수의 사람들만 누리는 특권처럼 생각했다. 그러나 융학파 정신 분석가이자 생태 심리학자인 메리 제인 러스트Mary Jayne Rust의 이야기를 들으며 생각이 달라졌다.

제인은 이 시대 많은 사람이 앓고 있는 우울증, 중독과 같은 심리적 증상의 근본적인 원인 가운데 하나는 인간 세계와 우리가 자연이라고 부르는, 한층 더 넓은 세계와의 관계가 망가졌기 때문이라고 본다. 그는 우리가 사는 세계를 생명의 그물망web of life으로 본다. 생명의 그물망 속에 존재하는 땅, 물, 바람, 하늘, 나무, 공기, 해, 동물, 사람 등은 하나의 연속체continuum이다. 트라우마는 이 연속체들 사이의 관계가 끊어졌을 때 발생한다. 다시 말해 생태계 파괴와 종멸종처럼 자연과 사람 사이의 관계가 끊어지는 현상 그 자체가 인류에게 현재 거대한 트라우마로 다가오는 것이다.

10년 전부터 서구의 전문가들은 기후 위기와 생태계 파괴로 인해 많은 사람들이 생태 불안eco-anxiety과 생태 슬픔eco-grief 또는 기후 슬픔climate-grief 같은 심리적 반응을 보인다는 점에 주목한다. 자연이 고통받는 만큼 사람의 내면도 고통받을 수 있다는 사실이 우리가 서로 연결된 존재임을 확인시켜준다.

실제로 제인은 스코틀랜드의 대자연 속에서 섭식 장애와 각종 중독을 앓고 있는 사람들의 심리적 증상을 치유했다. 그는 생태 위기 속에서 개인과 집단 속에 있는 심리적 그림자를 치유하고 내면을 돌보는 과정은 결국 지구를 치유하는 아주 중요한 시작점이라고 말한다. 돌봄과 치유 활동이 사회적 영역, 공적 영역으로 확대되어야 하는 이유다. 엠마와 데이비드의 활동 역시 그 연장선상에 있었다. 머지않아 우리 사회에도 이들과 같은 일을 하는 사람들이 더욱 필요하겠다는 생각이 들었다.

＊

레이디스맨틀이
데려다준 세계

둥둥둥…, 데이비드는 벤디르라 불리는 북아프리카 북을 손바닥으로 두드리기 시작했다. 참가자들은 요가 매트 위에 몸을 뉘었다. 이렇게 영국 자생 식물인 레이디스맨틀 Lady's Mantle과 교감하는 워크숍이 시작됐다. 엠마는 차분하지만 단조롭지 않은 음성으로 켈틱 고서에 실린 이 식물과의 교감법을 읽어나갔다. 엠마의 목소리는 일정한 어조로 방 안 가득 울려퍼졌고, 우리는 저마다 머릿속으로 상상의 나래를 펼치면서 또 다른 세계 속으로 들어갔다.

레이디스맨틀이라는 식물은 영국에서 흔하게 볼 수 있으며, 물기가 많은 땅에서 잘 자라는 식물이다. 지금처럼 비가 많이 오는 한여름에는 잉글랜드나 웨일스 시골에 지천으로 널려 있다. 잎 모양은 마치 둥근 별 모양과 같아서, 유럽에서는 성모마리아의 어깨를 덮은 부채꼴 모양의 망토라는 전설도 있다. 늦봄부터 한여름까지 노란빛을 띠는 꽃을 틔운다. 나는 이 식물을 보며 우리나라에서 자라는 작은 크기의 머위와 닮았다는 생각을 했다.

워크숍에 참가하기 전에는 여기서 식물의 생장 과정, 감각으로 식물 느끼는 법, 일상에서 쓸 수 있는 손쉬운 약제 만드는 법 등을 배울 것이라고 예상했다. 실제로 수업에서 오감을 통해 레이디스맨틀을 관찰하고, 이 식물로 음료나 플라워 에센스를 만들기도 했다. 그러나 켈틱 고서에 쓰인 내용에 따라 식물과 교감하는 활동이나 식물에게 노래를 불러주는 것과 같은 수업은, 내가 전혀 예상치 못한 여러 차원에서 식물을 만나도록 안내했다. 엠마와 데이비드는 미국 원주민들의 방식으로 식물의 영혼을 불러내는 의식을 치르기도 했다.

워크숍 기간 동안 몸속에 막힌 에너지 흐름을 교정하기 위해 우리는 하타 요가를 하거나, 여러 부족의 음악과 현대 음악에 맞춰 호흡하고, 비건 식단으로만 밥을 먹었다. 몸을 깨끗하게 비워내면서 감각을 깨워내는 과정이었다. 엠마와 데이비드는 인간이 감각을 깨워 각 식물의 고유한 지성과 교감할 수 있다면, 몸과 마음의 고통도 치유될 수 있다고 믿었다. 점차 이곳에서 일어나는 모든 활동에 나의 정신, 몸, 마음이 저절로 집중하는 걸 느꼈다. 또 마음이 열리면 열릴수록 내 안에서 어떤 변화가 일어나고 있는 것이 뚜렷하게 다가왔다. 이를 한 단어로 표현한다면 바로 '정화cleansing'다.

교사를 시작하고 몇 년 뒤, 때때로 아무 이유 없이 혼자 방에 들어오면 눈물이 터져나올 것만 같았다. 아무에게도 말을 못하고 있었지만 나의 내면은 바닥으로 점점 가라앉았다. 인간관계, 직업 문제, 경제적인 문제, 가족 문제 등 내 삶 전반에 걸쳐 벌어지고 있는 표면적인 문제를 떠올리며 스스로를 이해해보려고 했지만, 그 어떤 것도 온전하게 나를 납득시키지 못했다.

점점 나를 둘러싼 환경은 물론이고 스스로 한없이 못마땅하게 느껴졌다. 모든 일은 내 뜻과 정반대로 일어나는 것만 같았다. 나중에는 내 삶에 무슨 일이 벌어진다 해도 아무렇지 않다고 생각할 정도로 내면의 빛이 사그라지고 있다는 느낌을 받았다. 하지만 다른 한편으로는 이 문제를 해결하고 싶은 절박한 마음도 있었다.

그런데 엠마의 안내에 따라 명상을 하던 중, 어떤 사건이 문득 떠올랐다. 무슨 내용인지 이해할 수 없었지만 할머니와 친척들이 언성을 높이며 싸움을 했고, 나는 이 모든 상황을 그저 바라볼 수밖에 없었다. 그때 느꼈던 감정들이 고스란히 돌아왔다. 나는 고통스럽고 슬프고 무력했다. 서너 살 아이가 감당하기는 어려운 일이었다.

가족에게 닥친 커다란 슬픔을 한없이 어루만져 주고 싶었던, 가장 근원적이고 순수한 어린 시절의 내 마음과 닿았다. 그리고 이제는 훌쩍 커버린 내가 어린 시절의 나와 상처로 연약해진 가족들을 안아주는 모습이 찬란한 빛 위로 떠올랐다.

그 순간 내 눈에서 눈물이 쏟아지기 시작했다. 자연과 교감하는 법을 배우러 와서 이렇게 울기만 해도 되나 싶었지만 눈물을 멈출 수 없었다. 다른 참가자들도 여기저기서 훌쩍거리는 소리가 들렸다. 명상이 끝나고 선생님들은 눈물이 흐르는 것은 당연한 일이니 마음껏 흘리라고 말해 주었다.

워크숍의 모든 과정이 끝나갈 즈음, 내 몸과 마음은 시원하고 맑은 샘물에 씻은 듯 가벼워졌다. 말 그대로 정화가 일어난 느낌이었다. 엠마의 이야기를 들으며 내게 왜 이런 일들이 벌어졌는지 실마리를 발견할 수 있었다.

"레이디스맨틀의 잎이 퍼지는 모습은 마치 우주에서 블랙홀이 탄생할 때 모습과 닮았습니다. 이 식물은 여성 질환에 도움이 되는 식물로 여성의 자궁을 상징하기도 하죠. 여성의 지궁은 은하계 블랙홀과 같은 소우주로, 위대한 어머니가 모든 것을 창조해낼 수 있는 무한한 가능성을 품은 공간입니다.

이 식물은 창조와 관련된 트라우마 치료에 도움이 됩니다. 특히 지구 어머니로부터의 분리감에서 오는 정신적 상처를 치료하는 데 도움을 줍니다. 또 레이디스맨틀은 4원소 중 물을 상징하기도 합니다. 물처럼 몸뿐만 아니라 우리 안에 갇혀 있던 감정을 해소시켜주는 거죠.

저는 레이디스맨틀을 통해 여러 사람과 함께 작업을 하고 관련 서적을 공부했습니다. 그리고 이 식물이 자기 영혼을 성장시키고자 하는 사람들에게 내적인 변화의 가능성을 심어주고, 가슴 속 비밀을 밝혀주는 걸 발견했습니다. 자신의 에너지를 변화시키고 삶을 변화시키고자 하는 사람들에게 연금술을 일으키는 식물입니다.

레이디스맨틀뿐만 아니라 사람들이 쉽게 지나치는 작은 식물들이 우리가 지구에서 어떻게 살아야 하는지 가르침을 줍니다. 식물들의 도움을 받아 전일적인 관점으로 건강과 생명력을 활성화하고 우리 안에 내재된 지혜를 회복시킬 수 있지요.

동양에서 말하는 기, 프라나Prana(힌두 철학에서 모든 생명체를 존재하게 하는 힘), 서양에서 에너지라 부르는 것이 몸에서 잘 흐르지 않으면 사람은 신체적 고통뿐만 아니라 트라우마, 정서적 장애, 감정적 고립, 중독 현상에서 빠져나오지 못합니다. 우리는 개별 식물들의 고유한 특성들을 연구하며 이를 통해 사람들이 내면의 성장을 이뤄나갈 수 있도록 돕고 있습니다."

엠마의 이야기와 워크숍에서 내가 겪은 일에 대해 많은 사람이 이해할 만한 어떤 과학적인 근거를 제시할 수는 없다. 다만 레이디스맨틀이란 작은 식물과 교감하며 벌어진 지극히 사적인 경험, 내 안에 깊이 뿌리내린 상처가 걷히는 신기한 경험은 나에겐 아주 소중했다고 말할 수밖에 없다.

그동안 다른 이들을 명상으로 안내하고, 학생들을 가르치며 바쁘게 살았다. 의미 있는 일을 한다는 뿌듯함도 있었지만, 다른 사람의 내면을 쳐다보느라 정작 나 자신의 내면에는 소홀했음을 깨달았다. 고통의 원인을 다른 사람의 탓으로 돌리기에 바빴을 뿐, 정작 오롯이 나를 돌아보지 못했다. 누구도 아닌 나 자신에게 한없이 미안한 감정이 올라왔다.

여행이 끝나고 몇 달 뒤, 나는 병원에서 자궁에 이상이 있다는 사실을 발견하였다. 사전에 어떤 정보도 없이 떠난 여행이었지만 어쩌면 내 몸과 무의식은 나에게 도움이 될 만한 무언가를 찾고 있었을까. 그래서 자궁 질환에 약재로 쓰이는 레이디스맨틀을 만나도록 이끌었을까.

여행 중 잠깐 들렀던 영국의 한 서점에는 마녀witch와 관련된 책을 모아서 전시하는 별도의 공간이 있었다. 모두 최근에 출간된 책들로 마녀의 식물, 마녀의 셀프 러브법, 마녀의 숨겨진 지혜 등의 제목이 보였다. 이 책들은 서구 사회를 지배하던 남성성에 의해 잔인하게 억압된 여성성의 회복을 상징하는 것처럼 보였다. 워크숍에서 만난 런던의 20대 친구도 최근 '마녀'라는 단어가 영국 젊은 여성들 사이에서 무척 인기가 있다고 했다.

한국에 돌아와서 친구들에게 자궁에 문제가 있다는 사실을 털어놓자, 주변의 20대부터 50대까지 절반 이상의 여성들이 임신 여부와 관계없이, 자신도 자궁 질환을 앓았다는 이야기를 전해주었다. 추상적이게만 들리던 여성성의 회복이라는 말이 현실로 다가왔다. 물론 질환의 원인으로 외부 환경이나 식생활 등 여러 이유를 꼽을 수 있을 테지만, 자궁 질환은 한국 사회에서 여성성과 그 여성성을 대표하는 창조의 공간이 훼손되었음을 상징적으로 보여준다고 생각한다. 더 나아가 지구 어머니인 땅과 사람의 분리도 이와 연결되어 있다고 본다.

내가 아무 이유 없이 힘들다고 느끼던 수수께끼가 하나씩 풀려나갔다. 한국 사회에 맞춰서 나 스스로를 억압하고 내 안의 창조성을 훼손하며 희생시키는 동안 몸속 창조 공간인 자궁에도 문제가 생겼던 것이다. 이런 삶은 나 한 사람뿐만 아니라 결국 나와 연결된 다른 사람들 그리고 자연에게도 어떤 영향을 미칠 수 있다는 생각이 들었다.

엠마의 이야기를 통해 작은 식물이 나를 치유로 이끌었다는 것이 신비롭게만 느껴졌다. 자연과 교감하며 생태적 감수성, 지구적 감수성을 기르는 길은 여러 갈래일 테지만, 이번 경험을 통해 생태적인 방향으로 길을 걷는 일이 한 개인을 넘어 그 개인과 연결된 존재들에게 어떤 영향을 미칠 수 있을지 감히 상상해보았다. 그러면서 지구와 연결된 '나'

라는 존재를 치유하는 길을 걸어야겠다는 마음이 자연스럽게 일어났다. 등불이 되어준 선배이자 스승인 엠마에게 인터뷰를 청해 그 길을 구체적으로 걸어갈 방법을 찾아보기로 했다.

※

식물과 교감하는 이유

한국에는 두 분이 처음 소개되는 듯합니다. 어떤 일을 하고 계시는지 소개해주세요.

≋

저희가 하는 일의 가장 깊은 뿌리는 '치유'입니다. 저희는 식물과 교감하는 법이나 명상을 안내하지만, 이 일들은 치유가 여러 형태로 드러난 것일 뿐입니다. 저희는 물활론자animist의 관점으로 세상을 바라봅니다. 물질적인 형상을 띠는 모든 것들은 내재한 정신, 영적인 힘이 외부로 발화된 모습이라 생각하지요. 더불어 우리의 조상들이 나무와 식물에게서 배웠던 지혜를 사람들과 나누고 있습니다.

전일적인 관점에서 참여자가 자연을 통해 신체·정서·영혼의 단계에서 치유할 수 있는 방법을 안내합니다. 기본 프로그램은 2년 동안 치유의 기초와 실제 기술을 배우는 과정입니다. 실제로 저희를 찾아오는 분들은 주로 이미 여러 영성 프로그램을 통해 훈련을 받은 명상 지도자, 테라피스트, 치유자인 경우가 많습니다. 그들을 새롭게 훈련시키며 이들이 기존의 배움을 더 심화시키고 통합할 수 있도록 돕는 거지요. 물론 아무런 사전 경험이 없더라도 식물을 탐구하고 싶은 여러 분야의 분들도 함께하실 수 있습니다.

우리는 여러 교육 프로그램을 운영하고, 의뢰를 받아 원격으로 에너지 장이나 가족을 비롯한 영적 가계를 정화하는 일도 합니다. 1년에 두세 차례 식물 식단 프로그램도 운영합니다.

하고 계신 일이 '치유'라고 하셨는데, 제가 경험한 프로그램 속에서는 식물과의 '교감'이 중심이었습니다. 왜 식물과 교감하는 일이 필요하고, 그것이 어떻게 치유로 연결될 수 있는지 궁금합니다. 더불어 식물과 교감할 때 어떤 마음가짐이 필요한지 알고 싶습니다.

근대적인 세계관 속에 사는 우리는 '물질'만을 인지하도록 교육을 받았죠. 그러나 근대 이전 우리의 조상이나 전 세계에 살던 원주민들은 눈에 보이지 않는 차원을 이해하고 읽어낼 수 있는 능력을 지니고 있었습니다. 이들은 자연과 분리되지 않은 삶을 살았지요.

인간의 몸을 이루는 원소와 물질도 풀과 나무를 구성하는 그것과 같습니다. 인간도 풀도 나무도 같은 어머니와 아버지에서 나왔으니까요. 바로 땅이고 태양입니다. 우리가 이들과 관계를 맺으려고 생각한다면 새로운 친구를 사귈 때처럼 반드시 이들을 향한 배려와 예의를 갖춰야 할 것입니다.

식물과 지속적으로 교감하고, 지구 위에 함께 살아가는 지각이 있는 존재들sentient beings과 더 깊은 연결감을 형성하면, 오랫동안 잃어버린 자신을 아주 깊은 차원에서 만나게 됩니다. 사회에서 움츠러들고 길든 가슴이 활짝 열리면서 그 속에 숨어있던 아름다움이 드러납니다. 우리는 살아 있다는 경이로움을 느끼는 동시에 마법이 일어난 것처럼 진정한 자신으로 깨어나게 됩니다. 이 모든 과정이 결국 지구와 인류를 보다 근본적인 차원에서 치유하는 일입니다.

우리가 풀과 식물 안에 살아 있는 영혼을 직접 느끼고

경험하면 이들을 파괴하고 싶던 마음이 자연스럽게 사라지게 됩니다. 돌보고 싶은 마음, 감사하는 마음만 저절로 일어나지요. 식물과 교감하는 작업을 통해 우리의 영혼이 다시 깨어난다면, 식물은 그 사람이 겪고 있는 정신 건강상의 위기에 대해 균형을 잡을 수 있도록 기꺼이 도울 것입니다. 정신 건강의 위기는 영혼과 삶의 분리에서 오기 때문입니다.

일상생활에서 식물과 교감할 수 있는 쉬운 방법은 어떤 것이 있나요?

≋

개인에게 맞는 방법은 다 다를 거예요. 그렇지만 식물과 교감할 때 기억해야 할 중요한 몇 가지에 대해 말씀드리고 싶습니다. 첫 번째, 머리가 아닌 가슴으로 풀과 나무와 소통해야 합니다. 두 번째, 식물에 대한 망상을 내려놓고, 지금 이 순간 깨어 있는 상태로 만나야 합니다. 세 번째, 풀과 나무는 한 개인, 우리가 처한 문화적 배경을 고려해서 말을 걸어옵니다. 미립자로 구성된 식물의 정신은 원소를 통해 독특한 방식으로 우리와 소통하려고 할 것입니다.

대표적인 소통법으로, 허브차를 마신 뒤 또는 자연 속

에서 식물과 교감할 수 있는 명상법을 소개할게요. 이 명상법은 티베트 토착 신앙인 뵌Bon에서 유래했고, 저희가 텐진 왕걀 린포체Tenzin Wangyal Rinpoche에게 전수받은 방법입니다. 여러분이 가슴으로 자연과 교감할 수 있도록 이끌어줄 것입니다.

바닥에 양반 다리로 앉아보세요. 의자에 앉을 때는 허리를 곧게 펴고 발바닥을 바닥에 닿게 합니다. 세 번 숨을 깊이 들이마시고 내쉽니다. 숨을 내쉴 때 몸속 긴장감을 풀어봅니다. 턱과 어깨, 배를 편안히 느껴봅니다.

여러분 몸이나 정신이 이리저리 움직이려는 게 느껴지겠지만, 그 속에서도 고요함이 느껴지는 지점을 찾아봅니다. 부드럽게 그 고요함을 의식해봅니다. 고요한 느낌이 여러분 몸 전체를 통과하게 합니다. 생각과 감정이 복잡해지면, 다시 고요한 느낌으로 의식을 돌려봅니다.

고요함 속에서 침묵을 느껴봅니다. 침묵은 마음속에 여러 생각이 오고 가지 않는 상태입니다. 여러 생각이 오고 간다면, 다시 깊은 침묵으로 부드럽게 의식을 돌립니다. 깊은 평화 속에 머물러봅니다. 처음에는 잘 되지 않더라도 이 상태를 5~10분 이상 점차 늘려봅니다.

마음이 고요해지고 중심이 잡히면 여러분의 의식을 가

습으로 돌려봅니다. 가슴 차크라(인체의 여러 곳에 존재하는 정신
적 힘의 중심점을 이르는 말. 정수리와 척추를 따라 존재하는 일곱 개의 차크
라가 명상과 신체 수련에서 중요시된다)에서 나오는 따뜻한 빛을 느
껴봅니다. 여러분의 인생에서 감사한 것 하나를 떠올려봅니
다. 감사한 마음이 여러분의 가슴으로, 몸으로 퍼지게 합니
다. 마음속으로 자신이 미소 짓는 모습을 몇 분간 떠올려봅
니다. 이런 평화로운 상태가 유지되는 가운데, 식물에게 치
유, 안내, 영감을 요청해볼 수도 있습니다. 나무와 풀이 여러
분에게 다양한 언어로 말을 걸어올 겁니다.

가장 좋아하는 식물이 있으면 알려주세요.

≈≈≈

제가 가장 좋아하는 단 하나의 식물을 말하기는 어렵네
요. 삶 속에서 모든 식물들이 저에게 너무나 큰 선물을 주었
기에, 저는 이들에게 감사한 마음뿐입니다. 그래도 여러분에
게 특별히 소개하고 싶은 식물은 있어요. 저의 치유 여정을
동반한 식물로, 제 속에 있던 트라우마의 짙은 그림자 속에
서 저를 빛으로 안내해준 식물입니다. 바로 한국에 계신 여
러분도 잘 알고 있는 쑥Mugwort입니다.

동양에서는 뜸을 뜰 때 이 식물을 사용한다고 알고 있습니다. 제가 사는 영국에는 여러 품종의 쑥이 자라죠. 쑥은 마녀들이 맨 처음 사용한 허브로 강력하고 다양한 약효를 지닙니다. 쑥은 제가 삶의 비전, 치유의 핵심이 무엇인지 발견하고, 내적으로 성장할 수 있도록 도왔습니다. 또한 제 안에 있는 진정한 삶의 목적, 제 안의 재능, 제가 이번 생을 통해 이루어야 할 것이 무엇인지 발견하는 데도 도움을 주었지요. 한마디로 쑥은 저 자신이 진정한 자아와 연결될 수 있도록 도왔습니다.

저는 쑥이라는 식물을 통해 제게 이런 변화를 일으킨 쑥의 정령을 느껴요. 그녀는 강한 힘을 가진 마녀와 같습니다. 그녀가 세상에 온 이유는 지금 이 세계의 균형을 돕기 위해서라고 느끼게 되었습니다. 한평생을 공부해도 아깝지 않을 만큼 정말로 위대한 식물이에요. 저는 이제 겨우 그녀의 작은 일부분을 가늠할 뿐입니다. 제 평생 동안 그녀의 모든 것을 다 배울 수 있을까 싶습니다.

✳

진정한 치유는
균형을 찾는 일

저는 영국뿐만 아니라 유럽에서 대안적인 삶을 추구하는 사람들을 많이 만났습니다. 한국보다 비교적 물질적 안정을 이룬 사회에 살고 있었지만 정신적인 공허함, 중독, 우울감에 시달리는 경우가 꽤 많았습니다. 이들은 정신적 갈망을 채우기 위해 현대 의학에 의존하기보다 요가, 명상 등 아시아와 고대 부족들로부터 전해오는 영성 훈련을 경험하고 있었습니다. 이런 유럽 사람들이 식물 의식을 어떻게 생각하는지 궁금합니다. 더불어 두 분이 어떤 방식으로 일하고 계신지도 궁금합니다.

〰〰〰

지난 10년 동안 유럽 사회에서 식물 지성에 관한 관심이 폭발적으로 증가하는 양상을 보였습니다. 여러 이유가 있을 테지만, 지금 서구 사회는 요가나 명상에서 시작해 샤머니즘으로까지 관심을 넓혀가고 있습니다. 아메리카 샤먼들이 치유 목적으로 의례에 사용하는 아야후아스카Ayahuasca, 인센스로 쓰이는 팔로산토Palo Santo, 약과 음식에 쓰이는 세이지Sage에 대한 관심도 크게 늘었죠. 더불어 식물 의식에 대한 과학적 연구 역시 증가하는 추세입니다.

　저희가 식물 의식을 대하는 작업은 환자의 표면적 증상에 따라 질병을 치료하는 대증요법allopathic medicine이 아닙니다. 우리는 식물과 협업하여 조금 더 근본적인 차원에서 질병, 어린 시절의 트라우마, 가족 안에서 내려오는 상처 등을 둘러싼 에너지 전반에 대해 다루고 있지요. 어떤 이유로 에너지가 흐르지 못하고 몸속에서 계속 쌓이면, 질병의 형태로 몸속에 응집되고 결국 그 사람은 정신적·육체적으로 불균형 상태에 놓입니다.

　저희는 이와 같은 관점에서 식물의 도움을 받아 사람을 치유합니다. 병의 뿌리, 그 원인을 찾아 함께 치유의 길을 걷는 방법이지요. 얼핏 보기에는 같은 질병에 걸렸더라도 개인마다 원인이 다를 수 있습니다. 우리는 섣불리 예단하지 않고 식물과 함께 그 사람의 에너지 균형을 잡아주는 일만 합니다. 그러면 치유는 저절로 일어납니다. 왜냐면 우리 안에는 이미 자신을 치유할 힘이 존재하기 때문이죠. 일반적인 시각에서는 저희 작업이 식물을 매개로 질병을 치유하는 걸로 보이기도 하지만, 실제로는 예방과 자연 치유에 가깝다고 생각합니다. 상처와 질병에 무너지지 않도록 스스로의 힘을 기를 수 있도록 돕는 일이지요.

과학 기술이 고도로 발전한 시대에 영성이나 고대 정신에 대한 이야기는 낡고, 시대에 뒤떨어졌다고 볼 수도 있을 텐데요. 왜 이런 것들을 공부하시나요. 그 속에서 어떤 지혜를 발견하신 걸까요?

≋

요즘처럼 과학 기술이 발달한 시대에 저희가 공부하는 고대의 지혜나 지식은 분명 시대에 뒤떨어져 보이는 것이 사실입니다. 하지만 저는 세계가 여전히 5원소(물, 불, 흙, 공기, 에테르)로 구성되어 있다고 생각합니다. 시대를 뛰어넘어 전 세계에 많은 가르침을 주는 고대 문화, 전통, 지혜는 생명을 구성하는 이 다섯 가지 원소에 대한 이야기를 기반으로 합니다.

작은 일에서 큰일에 이르기까지 모두 마찬가지입니다. 이 점을 이해한다면, 여러분이 어떤 시간과 장소에 살고 있는지 상관없이, 건강하고 행복한 삶의 토대를 마련할 수 있습니다. 우리가 누구이며 어디서 왔는지 잊어버렸다는 말은 우리가 자신의 영혼과 연결되지 않았다는 이야기입니다. 바로 이 점이 정신 건강과 질병으로 이어지게 되죠. 매일매일 스크린 화면이나 핸드폰 속에 빠져 시간을 보내면서 자신이 누구인지 잊어버리고 만다면, 당신은 진정한 자신을 평생 만나지 못하게 될 것입니다.

기후 위기, 종멸종 등 자연은 계속 파괴되고 있습니다. 지금 자연은 선생님들이 하시는 일을 통해 어떤 메시지를 전하고 있나요?

≋

자연이 우리를 통해 지속해서 보내는 메시지는, 자연을 파괴하는 일이 결국 우리 스스로를 파괴하는 결과로 이어진다는 겁니다. 우리는 자연과 연결되어 있고 그 안에서 살아가기 때문이지요. 우리는 편안하게 숨을 쉬고, 먹고, 건강하게 살기 위해서 전적으로 식물에 의존할 수밖에 없습니다.

단적으로 식물이 없다면 우리는 여기에 살 수 없지만, 식물은 인간이 없어도 잘 살아갈 수 있습니다. 그렇다면 사람과 식물 가운데 누가 더 진화된 존재일까요?

세상을 치유하기 위해서 우리는 자신을 먼저 치유해야 합니다. 이 말은 곧 우리의 감정은 어떤지, 우리는 어떻게 사회로부터 길들여졌는지 알아야 한다는 말이지요. 이런 배움을 통해 세상을 이원적으로 보지 않고, 통합적으로 인식하는 세계관을 키워야 합니다. 우리는 식물을 통해 이것을 배워가고 있습니다.

전 세계적으로 '치유'라는 말이 그야말로 대세입니다. 두 분은 사람뿐만 아니라 아픈 땅, 숲, 강을 치유하는 작업도 해오신 걸로 알고 있습니다. 치유가 이 시대에 가지는 진정한 의미에 대해 말씀해주시면 좋겠습니다.

≈≈≈

진정한 의미의 치유는 '균형'이라고 생각합니다. 숲의 벌 군집에 문제가 생겼을 때, 그 이듬해에 민들레와 토끼풀이 더 많이 자라 벌 군집이 다시 건강을 회복하는 경우를 종종 보았습니다. 자연은 연결된 생태계 안에서 항상 균형을 이루려고 하죠. 우리가 자연을 깊이 바라볼 수 있다면, 그 안에는 선하고 악한 것, 어둠과 빛이 없다는 걸 알게 됩니다. 자연 안에서 모든 생명은 균형을 이루거나 또는 균형이 깨어지거나 오로지 두 상태로만 자리합니다.

균형이 무너지면 생명이 순환하는 흐름이 깨지면서 문제가 발생합니다. 우리는 땅을 치유하는 것과 똑같은 방식으로 사람의 몸을 치유합니다. 저희가 배운 여러 방법으로 사람들의 정신과 몸의 균형을 회복시키는 것이죠. 이러한 방식은 자연과 사람 모두에게 필요합니다. 자연과 사람의 균형을 찾아서 맞춰주는 것이 이 시대의 진정한 치유라고 봅니다.

치유자로서 지녀야 할 가장 중요한 마음가짐, 자질은 무엇이라고 보시나요?

≈≈≈

'너 자신을 알라Know thyself'입니다. 우리는 병을 얻는 치유자도 종종 봅니다. 왜냐면 치유자 중에는 정작 자신의 내면을 돌보지 않고, 무의식 속에 있는 그림자와 충분히 통합되지 않은 상태로 일하는 경우도 있기 때문입니다. 스스로 균형이 무너진 상태에서는 내담자로부터 자신에게 도움이 되지 않는 에너지를 흡수하게 됩니다. 왜냐면 균형이 무너진 치유자는 자신의 몸에 흐르는 에너지가 본래 자신의 것인지, 다른 사람의 것인지 구별하지 못하기 때문이죠. 자신을 정말로 깊이 이해하지 못한다면, 자신의 아픔이나 고통을 치유하는 과정을 겪지 않았다면, 저는 본질적으로 다른 사람을 치유할 수 없다고 생각합니다. 진정한 샤먼의 길을 걸어간다는 것은 상처받은 치유자의 길을 걸어간다는 말입니다.

두 분의 다음 여정이 궁금합니다.

≋

지금 이 세상에는 더 많은 선한 치유자가 필요합니다. 지금 이 시기에 저희의 사명은 식물이 지닌 힘을 소개함으로써, 특히 치유자들을 더 깊은 차원으로 성숙할 수 있도록 돕는 것이라고 여깁니다.

✳

가장 멀리 있는 것이
가장 가까이 스며든다

이번 여행의 끝에, 핀드혼 마을에서 개발한 변형 게임 Transformation Game의 퍼실리테이터 선생님 댁에 머물며 게임을 했다. 브루마블과 비슷한 형식으로 주사위를 굴려 칸을 옮기면서, 자기 인생의 당면한 과제와 축복을 마주하고, 상담자와 이야기를 나누며 인생의 전체적인 흐름을 직관적으로 파악하는 걸 돕는 게임이다.

게임을 하는 동안 내 인생의 소명으로 '치유'라는 단어가 제시되었다. 10년 전 처음 이 게임을 했을 때도 똑같은 단어가 나왔다. 예전에는 이 단어가 나오는 전혀 어울리지 않는다고 생각했다. 하지만 인생의 오르막과 내리막을 걷고 엠마와 데이비드 같은 사람들을 만나며, 이제는 치유라는 말이 천천히 가슴으로 스며들었음을 느꼈다. 또한 그것이 절대 나에게만 해당하는 낱말이 아니라고 생각한다.

이제 치유라는 단어는 너무 흔한 말이 되었다. 유행을 타고 값싼 상품처럼 소비되는 것도 같다. 그렇지만 엠마와 데이비드의 인터뷰를 되뇌며, 치유의 의미를 더 깊은 차원에서 다시 생각하게 되었다. 이들의 이야기는 명상, 요가, 샤머니즘과 연결되어 있다. 그동안 서구 사람들이 무시했던 단어이고, 아시아와 아메리카 원주민들의 삶에 녹아든 깊은 정신과 맞닿아 있기도 하다.

북반구의 근대 문명을 앞세워 남반구의 정신을 억압했던 서구 사람들의 후손들이 다시 이런 가치를 발굴하고 복원한다는 사실이 굉장히 모순적으로 느껴졌다. 실제 의식 있는 서구의 몇몇 학자들은 아메리카나 아시아 원주민의 지혜에만 기대어 문제를 풀어갈 방법을 찾을 것이 아니라, 자신들이 태어나고 자란 땅에서 잃어버린 지혜를 찾아야 한다는 자성의 목소리를 내고 있다. 엠마와 데이비드가 자신들의 정신적 뿌리인 켈트족의 흔적을 더듬었던 것도 같은 이유라고 생각한다.

나는 이들의 말과 행동 속에 있는 본질에 더 집중하려

노력했다. 우리가 풀과 나무와 연결된다면 이들을 파괴하고 싶던 마음은 사라지고, 이들을 돌보고 싶은 마음, 이들에게 감사한 마음이 저절로 일어난다는 그들의 이야기에 주목했다. 결국 식물과 연결된 우리가 얻을 수 있는 가장 소중한 배움은 생명을 귀하게 여기는 마음이었다. 그리고 이것이 우리가 잃어버린 가장 중요한 정신이라는 생각이 들었다. 생명을 향한 마음의 바탕이 무너지면서 우리는 함부로 많은 생명과 그에 연결된 자신을 파괴하고 있는지도 모른다.

엠마와 데이비드의 교육 프로그램은 무척 낯선 것이었다. 왜 이렇게 해야 하는 걸까 싶은 순간도 있었다. 하지만 곰곰이 떠올려보니 그들은 자신들이 말하는 치유의 의미처럼 이성적인 사고와 행동에만 익숙한 사람들의 내면에 균형을 맞춰주기 위해 노력했던 것이 아닐까 싶다. 본래 사람이 지닌, 스스로를 치유할 수 있는 힘을 회복하도록 말이다.

어쩌면 균형이 깨어진 이 지구라는 거대한 생명도 스스로 다시 균형을 찾기 위해, 정화하고 치유하는 힘을 발휘하고 있을 거라는 막연한 희망을 품어본다. 그 속에 사는 '나'라는 작은 생명이 할 일은, 나의 무지와 오만, 욕망으로 자연의 흐름을 깨뜨리거나 거스르지 않고 살아가는 것이다. 예민한 감수성과 지성 그리고 지혜로 자연스러운 흐름을 읽어가며, 어떤 일을 하든지 그 물결에 몸을 맡기고 흘러가는 것이야말로 선한 치유자가 되는 길이 아닐까 생각한다.

식물과 교감하는 세계를 잠시 만나고 난 뒤 조금 더 관심을 두고 공부를 시작했다. 그러면서 내가 경험했던 것은 아메리카 부족 샤먼들이 식물을 통해 내면 깊은 곳의 상처를 치유하는 방법이었음을 알 수 있었다. 그 외에도 수없이 많은 치유법들이 존재함을 알고 놀라기도 했다.

다시 평범한 일상으로 돌아온 나는 여전히 공허함, 무력감, 외로움, 슬픔을 겪는다. 그러나 예전과 달라진 것은 무거운 감정이나 어려운 일이 인생에 찾아올 때마다 나만의 방식으로 식물에게 도움을 요청하게 되었다는 점이다. 서서히 내 몸의 감각과 마음이 균형을 이루는 것을 느낀다.

몇 년 사이에 내가 만나는 학생, 친구, 청년 들 가운데 심리적인 어려움을 겪는 이들의 수가 눈에 띄게 늘어나는 것이 보인다. 누구보다 빛나고 섬세한 감각을 지닌 사람들에게 더욱 이런 일들이 많이 벌어지는 듯하다. 이들이 겪는 내면 깊은 곳에 자리한 상실감, 무력감, 우울감을 나 또한 곁에서 마주해야만 했고, 때로는 내 몸과 마음이 지나칠 정도로 그들에게 동화되어 힘들기도 했다. 그러나 선생님들께 배운 여러 방법을 통해 몸과 마음을 본래의 상태로 되돌릴 수 있었다.

이런 일들을 계속 마주하며 머릿속을 떠나지 않던 생각은, 자연으로부터 떨어져나온 사람들만의 고독한 집단 속에서는 인간의 내면 깊은 곳에 있는 갈망과 허기를 채울 수 없다는 것이다. 그것은 사람만의 힘으로는 어려워 보였다. 〈녹색평론〉 발행인이었던 김종철 선생님은 이런 현상이 근본적으로 자연과 사람 간의 상호 연결된 세계에서, 사람이라는 종만이 홀로 떠나 인간중심적으로 세계를 인식하는 데서 비롯되었다고 하셨다. 선생님 이야기를 떠올리며 사람이 다른 창조물과 연결된 관계로부터 떨어져나와 겪고 느끼는 알 수 없는 깊은 슬픔, 즉 '종의 외로움species loneliness'이 나와 내 주변 사람들이 겪는 심리적 어려움의 가장 밑바닥에 있을지도 모른다는 생각이 들었다.

『월든』의 저자 헨리 데이비드 소로Henry David Thoreau의 정신을 잇는 미국 생태 철학자 데이비드 아브라함David Abram은 '인간 세계보다 더 넓은 세계more than human world'라는 말을 처음 쓴 사람이다. 그에 따르면 원주민들이나 고대 사람들은 지금 우리와는 전혀 다른 방식으로 소리와 시간, 공간을 지각했다. 땅, 나무, 꽃, 바람, 동물, 바위 지구상의 모든 존재를 생생하게 살아 있는 존재로 여기며, 온몸의 감각을 활짝 열고 느끼며 살았다. 그러나 우리는 근대 이전부터 그 감각을 서서히 잊어버리게 되었고 결국 인간 세계보다 더 넓은 세계를 느끼는 것이 어려워졌다. 데이비드는 우리가 지각하지 못하게 되면서 그 세계 역시 사라지고 있다고 말한다. 하지만 놀라운 이 감각을 다시 불러낼 수만 있다면, 지금 우리가 겪는 수많은 문제의 실마리를 찾을 수 있을 거라는 희망도 밝히고 있다.

영국 웨일스 지방 산속에서 레이디스맨틀이라는 아주 작은 식물과 교감하는 동안, 내가 자라온 사회와 문화 속에서만 익힌 감각에서 잠시 벗어날 수 있었다. 사람이 아닌 다른 종과 깊이 연결된 경험은 실로 놀라웠다. 몸속에 잠들어 있던 오래된 감각을 일깨워 나를 둘러싼 세계를 전혀 다르게 지각하고 내 안의 상처를 들여다본 경험은 참 신비로웠다. 기후비상시대, 사람들이 잃어버린 이와 같은 감각을 다시 회복할 수 있도록 하는 일이 나의 소명처럼 느껴졌다.

인터뷰가 끝나고 집으로 돌아오는 길, 10년 전 생태마을을 여행하고 돌아올 때처럼 속이 시원하지도, 가슴 속에 희망이 마구 솟구치지도 않았다. 가슴 속에 차오르던 질문에 대해 섬광처럼 답을 보았지만, 결국 그 답을 살아내는 더 긴 여행이 기다리고 있음을 예감했다. 어쩌면 나보다 먼저 또 더 많은 사람들이 이미 답을 알고 있을지도 모른다고 생각했다. 모두가 알 것 같은 이야기를 책으로 내야 하는지 자문하기도 했다. 그때 한 친구가 이렇게 말했다.

"너무 쉽게 무언가를 배우면 그것이 정말 귀한 줄 몰라. 애타는 마음으로 먼 길을 외롭게 걸어다니며 네 손과 발, 가슴의 온기로 찾아가서 들은 이 목소리는, 살아 숨 쉬는 이야기로 다른 이의 가슴 속에서도 울려 퍼질 거야."

친구의 말을 들으며 내 가슴 속에서 고치를 틀었던 목소리들이 이제는 나비가 되어 나를 떠날 때가 왔다는 것을 느꼈다. 그 어떤 의심 없이, 그 어떤 두려움 없이 자유롭게 내가 경험한 이야기를 세상에 날려 보내기로 했다.

나는 가장 멀리 있는 것이 삶 가장 가까운 곳에 닿을 때 진정한 힘을 가질 수 있다고 믿는다. 그 두 세계를 잇는 길 위에서 또 얼마나 많은 눈물과 많은 웃음을 쏟아낼지 알수 없지만 다시 길을 떠난다. 당신의 가슴에 살며서 날아드는 이야기들의 날갯짓을 느끼며, 지구의 고동 소리와 내면의 목소리를 따라 천천히 걸어가보려고 한다.

엠마 패럴

Emma Farrell

영국 출신으로, 30대 때 히말라야에서 스승을 만난 이후 본격적으로 '치유'를 주제로 한 여정을 떠난다. 티베트 대승불교 전통 속에 있는 오래된 지혜의 보존과 개발 분야에서 석사 학위를 받았고, 이탈리아 투스카니 지역에 있는 라마 총 카파 연구소Istitu-to Lama Tzong Khapa에서 여러 티베트 스승에게 배웠다.

아마존을 비롯한 세계 여러 곳에 사는 원주민들의 치유법을 공부하고, 영국과 아일랜드 땅에 내려오는 영적 수행을 이어 나가며, 풍수지리, 프라닉 힐링Pranic Healing 등을 훈련했다.

이후 영국과 아일랜드에 자생하는 소수의 식물 속에 깃든 깊은 지혜와 신비를 체험하면서 본격적으로 식물 치유자이자 교육가로 활동을 시작했다. '식물 의식'의 공동 창립자로 런던에서 5년 동안 식물 의식과 관련된 대규모 콘퍼런스를 여러 차례 진행했고, 현재 남편 데이비드와 함께 영국 웨일스 지역에서 식물 식단 프로그램, 플라워 에센스 약방, 치유자들을 위한 교육 프로그램을 운영한다.

2021년 그동안의 배움과 경험을 담아 『식물 정신과 떠나는 여정Journey with plant spirits』을 출간하였다.

나무에게 듣는다

다소 엉뚱하게 들릴 수도 있지만, 이 책에 가장 싣고 싶었던 마지막 인터뷰 대담자는 자연이었다. 자연이 지금 이 시대, 우리에게 어떤 메시지를 보내는지 정말로 알고 싶었다. 나는 그 목소리를 찾기 위해 『나무의 치유력』의 저자 패트리스 브루샤동Patrice Bouchardon을 만나러 프랑스 중부 브르주로 떠났다.

그는 젊은 시절, 굉장히 이성적인 사람으로 비과학적인 것은 절대 믿지 않았다. 하지만 우연한 계기로 숲에 들어가 나무와 교감하는 경험을 하면서 자신의 인생이 생각지도 못한 방향으로 흘러갈 수 있음을 알게 된다. 이후 그는 나무를 연구하기 시작했고, 평생 자신이 터득한 나무와 교감하는 방법을 사람들에게 나누며 살고 있다.

나는 화창한 여름날, 패트리스와 그의 아내를 따라 어느 울창한 숲으로 들어갔다. 그리고 그가 나무들을 찾아다니면서 교감하는 모습을 지켜보았다. 그는 소나무, 참나무, 자작나무 등 나무마다 지니고 있는 고유한 특성에 대해 이야기해주었다. 그에게 나무의 이야기도 들을 수 있냐고 묻자 그는 조심스럽게 그렇다고 대답했다. 하지만 젊은 시절 나무가 전하는 메시지를 함부로 나누는 바람에 오해를 받아 어려움을 겪었다고도 했다.

그에게 지금 나무들은 사람에게 도대체 어떤 이야기를 하느냐고 답답한 심정으로 물었다. 예상되는 답변은 기후위기를 일으킨 사람의 무지와 잘못된 행동에 대한 경고 같은 것이었다. 하지만 그의 답변은 내 예상을 뒤집었다. 그는 평생 가슴 속 깊은 곳에서 아껴둔 귀한 이야기를 꺼내듯 긴 침묵 후 천천히 말을 이어갔다.

"제가 평생 동안 나무에게 들었던 것은 '우주는 무한합니다. 그리고 당신 또한 무한합니다'라는 이야기입니다. 이 메시지의 핵심은 '당신 속에 있는 무한한 힘을 발견하세요. 당신은 그 무한한 힘으로 무엇이든 할 수 있고, 그렇기 때문에 지구 위의 삶 자체를 변화시킬 수 있습니다. 당신의 삶에 자신감을 가지세요. 당신 내면 깊은 곳에 있는 무한한 힘을 발견하세요. 당신의 삶은 전혀 다른 삶으로 나아가게 됩니다'라는 말입니다. 이것이 제 평생 동안 나무가 제게 전한 이야기의 전부입니다. 나무들은 저에게 삶을 통해 이 말을 실제 경험할 수 있도록 이끌어주었습니다."

이야기를 듣는 동안 몸에는 따뜻하고 부드러운 전율이 일어났다. 나부터도 정말 자연에게 몹쓸 짓을 많이 했지만, 나무와 자연은 항상 사람인 우리를 아낌없이 믿어주고 도와준다는 사실이 느껴졌다. 깊은 고요가 찾아왔고, 나무들의 목소리가 가슴으로 밀려오는 듯했다. 나무의 마음, 자연의 커다란 사랑이 가슴에 닿으며 내 자신이 한없이 부끄럽게 느껴졌다. 숲에 있는 키 큰 나무들이 우리들을 감싸 안아주고 있는 것만 같았다.

집으로 돌아와 작곡가인 아내 분이 오늘 숲에서 경험한 시간을 영감으로 피아노 연주를 해주셨다. 선율을 따라 나는 패트리스가 전한 나무의 말을 되뇌었다. 그리고 땅을 팔라는 백인들의 전갈에 아메리카 대륙 원주민이던 시애틀 추장이 이렇게 대답한 대목이 떠올랐다.

'신은 어떤 이유에서인지 백인에게 세상을 다스릴 힘을 주었다. 그런데 왜 이 땅의 야생말은 길들여지고, 숲속에서는 썩는 냄새가 나고, 수풀과 독수리는 사라지고 있는가?'

그 말이 이제는 원주민들이 백인에게 하는 말이 아니라, 자연이 사람에게 하는 말로 다시 들려왔다. 어쩌면 정말로 사람에게는 상상 이상으로 무한한 힘이 있을 수도 있다. 그러나 그 힘을 나와 우리는 무엇을 위해 쓰고 있고 또 써야 하는지 진지하게 되돌아봐야만 한다.

스물한 살부터 가슴 속 꿈꾸던 세상을 만나기 위해 유럽, 아시아, 아프리카에 있는 생태마을을 찾았다. 막막한 세상 속에서 이리저리 부딪히던 나는 이 여정 속에서 무엇을 진정으로 사랑하고 있었는지 깨달았다. 나는 내가 찾아온 이 땅, 이 지구를 사랑하고 있었다.

바람에 흔들리는 나무에서, 발길이 닿지 않는 마을에서 만난 아이의 눈동자에서, 죽어가는 땅에 생명을 불어넣는 거친 손에서, 야생성을 잃지 않은 검은 말의 숨소리에서, 별이 쏟아져 내리는 사막의 깊은 밤에서, 뜨거워진 몸을 담근 시원한 호수에서, 외롭게 떨리던 내 가슴을 감싸던 온기에서, 나는 다정하지만 강한 지구의 눈빛, 보드라운 지구의 숨결, 따뜻한 지구의 체온을 느꼈다. 어미를 찾아 길을 헤매던 아이 같던 내가 지구의 드넓고 따뜻한 품속에 안겨 있으면 길 위의 외로움과 아픔은 사라지고, 나는 '나'로 다시 온전해질 수 있었다.

동시에 이 길 위에서 지구 위 많은 생명이 고통받고 있다는 것을 마주해야만 했다. 지구가 아름다운 만큼 그 고통은 더 크게 다가왔다. 그런 절망의 밤이 찾아오면 탄생과 죽음이라는 거대한 생명의 흐름 속에 살아가는 나라는 존재가 한없이 미약하게만 느껴졌다. 그러나 이 지구를 연민과 사랑으로 보듬고 보살피는 벗이 많다는 사실도 알게 되었다. 그들은 요리사이기도 했고, 농부이기도 했고, 예술가이기도 했고, 연구자이기도 했다. 이들의 겉모습이나 하는 일은 다 달랐지만 모두 지구를 치유하는 길을 향해 걸어가고 있었다.

지구에 위기가 닥친 이 시대, 인터뷰를 하고 책을 쓰면서 이제 선택할 수 있는 길이 거의 남지 않았음을 더 뚜렷하게 느꼈다. 어떤 일을 하든지 어떤 국가에 살든지 어떤 모습을 하고 있든지 지구를 치유하는 길과 그 반대 길 사이에 설 수밖에 없었다. 종멸종, 바이러스, 기후 위기 등등 우리는 이미 그 전조를 겪고 있다. 앞으로의 세계는 결코 감상적이지도 낭만적이지도 않을 것이다. 우리는 아픈 땅과 자연, 아픈 사람의 외면과 내면의 그림자를 정면으로 마주해야 할 것이고 지나간 우리의 만행에 대해 가슴 치며 통곡할 시간도 견뎌내야 할 것이다.

그러나 내가 만난 길 위의 스승들, 친구들이 그랬던 것처럼 우리 안에 존재하는 무한한 가능성과 상상력을 통해 지금의 어둠을 뚫고 경계를 넘어 새로운 길로 나아갈 수 있다고 믿는다. 밝음lucidity으로 나아가는 이 길은 진정한 사랑으로 나아가는 길이기도 하다. 그리고 가장 중요한 것은, 치유자로 살아가는 길은 '나는 누구인가?'라는 질문과 '아주 작고 평범한 일상'에서 시작된다는 것이다. 이 길은 낡고 오래된 길이 아니라 자연과 사람이 함께 손잡고 걸어가는, 상상조차 할 수 없는 놀라운 신비와 기적이 가득한 새로 난 길이다.

새로운 배움은 경계를 넘어선다

2022년 1월 31일 초판 1쇄 발행

지은이　김우인

펴낸이　천소희
편집　박수희
제작　영신사
종이　월드페이퍼(주)

펴낸곳　열매하나
등록　2017년 6월 1일 제25100-2017-000043호
주소　(57941) 전라남도 순천시 원가곡길 75
전화　02.6376.2846 | **팩스** 02.6499.2884
전자우편　yeolmaehana@naver.com
인스타그램 @yeolmaehana
ISBN　979-11-90222-24-2 03370

© 2022. 김우인

이 도서는 한국출판문화산업진흥원의 '2021년 출판콘텐츠 창작 지원 사업'의 일환으로 국민체육진흥기금을 지원받아 제작되었습니다.

마포구 브랜드 서체 Mapo금빛나루(마기찬 디자인)를 사용하여 제작되었습니다.

 삶을 틔우는 마음 속 환한 열매하나